# 华盛顿

描写华盛顿传奇的一生

美国第一任总统

★★★★★★★★★★★★★★★★★★★★★

◎胡元斌／编著

UNITY PRESS 团结出版社

图书在版编目（CIP）数据

华盛顿 / 胡元斌编著. —北京 ：团结出版社，2016. 2（2024. 5 重印）
ISBN 978-7-5126-3948-5

Ⅰ. ①华… Ⅱ. ①胡… Ⅲ. ①华盛顿，G.（1732~1799）-传记 Ⅳ. ①K837. 127=41

中国版本图书馆 CIP 数据核字（2016）第 021141 号

---

出　版：团结出版社
（北京市东城区东皇城根南街84号　邮编：100006）
电　话：（010）65228880　65244790（出版社）
网　址：http: //www.tjpress.com
E-mail：zb65244790@vip.163.com
经　销：全国新华书店
印　装：三河市金兆印刷装订有限公司

---

开　本：640mm × 915mm　16开
印　张：22
字　数：348千字
版　次：2021年6月　第1版
印　次：2024年5月　第3次印刷

---

书　号：978-7-5126-3948-5
定　价：78.00元

# 前 言

那是童年时代的夏夜，我和小伙伴们时常躺在家乡的草坪上，仰望着美丽的星空。那闪闪烁烁的星星，有的明亮，有的灰暗，但都眨眼眨眼地看着我们。偶尔还能看见一颗颗流星划过，无影无踪地消逝在天边的夜色里。大人们说流星会带来灾难，使我们感到了害怕。小小的星星，带给我们童年多少思考与多少幻想啊！

随着我们渐渐长大，也看清了人类历史的天空，那是群星闪烁，星光灿烂，使我们感到人间的美好和光明。当然也有流星划过，果真给人类带来了不小罪恶和灾祸。真可谓，浩浩历史千百载，滚滚红尘万古名，英雄流芳百世，狗熊遗臭万年。这就是丰富多彩的人类社会啊！

在我们人类历史进程中，涌现了许多可歌可泣、光芒万丈的英雄人物，他们用巨擘的手、挥毫的笔、超人的智慧、卓越的才能，力挽狂澜，救万民于水火之中，书写着世界，推动着历史，描绘着未来，不断创造着人类历史的崭新篇章，不断推动着人类文明的飞速发展，为我们留下了许多宝贵的精神财富。

同时也出现了许多乱世恶魔，他们是人间的虎豹豺狼和亡命暴徒，唯恐天下不乱，制造着人间灾难，践踏着人类文明。他们顺我者生，逆我者亡，以一己之私心而放之四海，以一人之狂妄而加之全球，简直野心勃勃，横行于世，然而最终避免不了失败的命运，成了人类的跳梁小丑，落得成了人间的笑柄。

那么，是什么原因使有人成了人间英雄，却使有人成了人间恶魔呢？这是不得不思考的深刻问题。只有清楚了这些问题，才能让英雄辈出，让恶魔永远消失，才能更加体现我们人类社会的高度智慧和文明。

为此，我们根据国内外的最新资料和研究，特别编撰了这套《世界巨人传》。有针对性地精选了世界近现代著名的具有雄才伟略的政治家，他们是拿破仑、华盛顿、林肯、罗斯福、丘吉尔、戴高乐、撒切尔夫人。同时精选了叱咤风云的军事家，他们是艾森豪威尔、蒙哥马利、朱可夫、巴顿、布莱德雷、麦克阿瑟、马歇尔。还精选了世界近现代的臭名昭著的枭雄悍将，他们是希特勒、墨索里尼、东条英机、曼施坦因、古德里安、隆美尔、山本五十六 、川岛芳子。

我们精选编撰这些世界巨人的传记，主要以他们的成长历程和人生发展为线索，尽量避免冗长的说教性叙述，而是采用日常生活中丰富的小故事来表现他们的人生道理，尤其着重表现他们所处时代的生活特征和他们人生追求的完整过程，以便引起我们读者的深深思考。

同时，值此中国人民抗日战争暨世界反法西斯战争胜利70周年之际，我们主要精选编撰了“二战”时期的世界著名巨人的传记，相信具有特别的深刻意义。广大读者阅读这些“二战”巨人传，能够加深对“二战”有关人物命运与世界和平等问题的思考，能够起到铭记历史、警示后人的重大现实和历史意义。

第二次世界大战是人类社会有史以来规模最大、伤亡最惨重、造成破坏最大的全球性战争，也是关系人类命运的大决战。这场由德、意、日法西斯国家纳粹分子发动的罪恶战争席卷全球，世界当时人口总数的80%约20亿人口受到波及。

通过全世界广大人民的艰苦奋斗，特别是通过代表对垒双方巨人斗智斗勇的较量，终于正义战胜了邪恶、和平战胜了灾难，人类迎来了新的希望。在这场人类命运终极大较量中，人类的高超智慧和巨大力量，简直表现得淋漓尽致。特别又是集中体现在对垒双方代表的巨人身上，那更是智慧和力量的化身。因此，我们广大读者阅读这些世界巨人的传记，一定能够获得智慧的神奇力量。

# 目 录

# 第一章 诚实少年

一切的和谐与平衡，健康与健美，成功与幸福，都是由乐观与希望的向上心理产生与造成的。

——乔治·华盛顿

## 一个移民的后代

1732年2月22日10时，在北美洲弗吉尼亚发生了一件鲜为世人知晓的平凡小事，老华盛顿家在布里奇斯溪庄园的老屋里，诞生了一个男性婴儿。

这个孩子的降生一切正常，也无任何吉兆。母亲是初产，对于父亲来说已是第三次得子，没有感到意外的惊喜，给孩子取名乔治·华盛顿。

当时谁也未曾预料到，就是这个稚嫩而弱小的乔治·华盛顿，43年之后，就任了北美13州独立战争联军总司令；53年之后，他竟成为了美利坚合众国开国总统，被称为“战争时期第一人，和平时期第一人，同胞心目中第一人”。

华盛顿家族源远流长，是一个英格兰高贵显赫的世家。到了17世纪，家道中落，逐渐失去了昔日的权势，大有江河日下之趋向。后来，欧洲掀起了一股移民热，纷纷前往北美新大陆开发殖民地。

1656年下半年，这家的一名年轻小伙子，也漂洋过海来到弗吉尼亚闯天下。

弗吉尼亚，这个英国的北美洲的最早殖民地，是一片美丽神奇的土地。在这里，先后产生了四位美国总统，他们是乔治·华盛顿、托马斯·杰斐逊、詹姆斯·麦迪逊和詹姆斯·门罗。

因此，美国人将弗吉尼亚称为“美国总统之母”。当约翰·华盛顿一来到这里，便被它所吸引，在布里奇斯溪畔居住下来，开垦了大片土地，建立了自己的庄园，在这里生息繁衍。

那时的北美洲，还是英、法、西班牙等列强帝国的殖民地。弗吉尼亚等13个州属于英国。虽说开发比较早，但仍然地广人稀，基本保持着大自然的原始风貌。

▲华盛顿在自己的庄园

北美新大陆气候温和、土地肥沃、河流纵横，交通十分方便。而且种植烟草，利润可观，移民们一天的收入，相当于英国同行的一周收益。华盛顿家族的这名年轻小伙子在这片神奇的黑土地上落地生根了。这位年轻人就是乔治·华盛顿的曾祖父约翰·华盛顿。

他们中的大部分可能是昔日的贵族，但移民来到此地都是靠个人奋斗创业的。

1694年，乔治·华盛顿的父亲，奥古斯丁·华盛顿出世了。

奥古斯丁·华盛顿继承父业并又有所发展，庄园的土地已超过一万亩。同时还开办了一个铸铁翻砂厂，和许多大庄园主一样，在河岸拥有自己的装卸码头，可以与英国国内客商直接做生意。

为了与一家英国公司签订合同，奥古斯丁·华盛顿特地赴欧洲作了一次商务旅行，顺便寻根探望了老家。等他从欧洲回来，得知夫人不幸因病去世，给他留下了两个儿子。

奥古斯丁·华盛顿31岁那年又续娶当地有美人艳名的玛丽·鲍尔为妻，她是乔治·华盛顿的生母。

乔治·华盛顿出生后不久，全家搬迁到弗雷德里克斯堡对面的新居。这是一座老式的三层楼房，坐落在一个高地上。

在幼小的乔治心目中，他家乡的自然环境充满了魅力。远山层峦叠嶂，腊帕赫诺克河日夜奔流，涨潮时挂着白帆的海船穿梭往来。

楼房周围是草坪和花园，园里花草果木品种繁多，春夏季节绿荫如盖，鸟语花香，景色旖旎。花园之外便是农田平畴，种植着大片烟草和棉花。

这里是乔治和他的三个弟弟蹒跚学步和娱乐的地方，也是他们的运动场所和玩军事游戏的“战场”。

乔治的母亲玛丽·华盛顿夫人，是个美丽端庄的女性，仪态优雅大方，喜欢穿华丽精美的服装。她天赋聪明，更难得的是具有刚强坚毅的秉性，办事果断，理财有方。

正是母亲的这种特殊性格，使乔治从小就养成了自信、自立、自强的信念和待人公道、处事严谨的作风。

母亲给乔治以良好的影响，使他从小就养成了自信果敢、处事严谨的作风。另一方面，由于她没受到良好的教育，为人处世表现出过分的固执。

老华盛顿的前妻生的几个子女，和他们共同组成了一个大家庭。华盛顿作为家庭的幼子，不得不努力工作，以争取使自己成为一名弗吉尼亚绅士。

于是，华盛顿从小学会了骑马打猎，养成了英勇刚毅的性格。

母亲十分欣赏华盛顿的这种性格，因为她知道，一个人如果想成就一番事业，就必须坚强和勇敢。但是母亲也知道，华盛顿个性中也有跋扈和内心莫名的浮躁。

和母亲相比，父亲给予乔治的疼爱更多一些。他对小乔治一身兼任严父慈母，悉心关怀教养。在经营农庄和商务的百忙之中，还是尽量抽时间陪小儿子到大自然中去享受乐趣。经常给他讲历史故事、民间传说，教他读书写字，在智力和道德上言传身教，熏陶感染。

奥古斯丁·华盛顿不仅受过较好的教育，而且智力超群，品行高尚。他对小乔治十分疼爱，尽管生意很忙，他还是尽量在生活上给小乔治以关心和爱抚。因此，父亲不仅是乔治的文化启蒙老师，而且还使他懂得了不少做人的基本道理。

为了使华盛顿将来不至于只是一个头脑简单的人，母亲买了一大堆文学、修辞学和语言学方面的书，希望能增强他的文学修养和语言能力。可华盛顿对这些东西毫无兴趣。

母亲为此犯难了好几年，她还从英国请来家庭教师为儿子补习文学、地理和拉丁文。华盛顿直到11岁丧父后，才在母亲的循循善诱下读了一大批文学类书籍。

华盛顿后来回忆说，母亲当时并没有刻意要他读什么书，但她说文学的影响会伴随一个人的一生。如果套用母亲“没人愿意踢一只死狗”这句话，其哲学含义便是：如果一个人没有全面的知识，没有出奇的资本，终将不被人理会。

在父亲去世后，母亲拒绝像丈夫为前几个子女所做的那样，送乔治去英国求学，只是让他在家自学。因此，乔治·华盛顿在学术和理论等方面的修养是无法与那一时代的一些伟人相比的，这一缺陷不能不使他抱憾终生。

10岁的乔治·华盛顿个头比同龄人要矮小，也许是个头矮小

又调皮的原因，华盛顿在学校里常被同学们欺负。这一点母亲早有所闻，因为华盛顿的调皮捣蛋在学校里是出了名的。

有一次，受到欺负的乔治·华盛顿回到家向母亲控告同学们对他的不敬。

母亲说：“没人愿意踢一只死狗。”

华盛顿怔了怔，明白了母亲话中的全部意思。

小乔治学得最好的科目是算术，他当年亲手书写的作业本，至今仍保存在弗农山庄图书馆里。13岁时，他已习惯于把各种商业文件、法律文件、汇票、期票、契约、债券等等的格式抄录成册。从小就养成精密计算和一丝不苟的作风，对他日后的事业不无好处。

## 慈父教子的苦心

有一个广为流传的故事，记述了老华盛顿这位慈父教子的苦心和小乔治金子一般纯净的品格。

小乔治10岁生日那天，庄园里特别热闹，家人和亲友为他送来了各种不同的生日礼物。不过，这时小乔治最盼望的是父亲奥古斯丁的礼物，在这个庄园里只有父亲最疼爱他，也最了解他。

小乔治清楚地记得，过去每次过生日时，父亲送的礼物都是他最喜欢的，对他来说，往往也是最有意义的。

奥古斯丁很爱自己的孩子，也注重对孩子的教育。平日里，他对孩子的一举一动都观察得十分细致，他发现小乔治每次从学校回来后，总要到庄园的树林里去看山姆大叔抡起板斧砍伐树木时的那威武的样子，真是羡慕极了。

有时山姆大叔放下斧子坐在树旁休息时，他总要用手轻轻地摸摸那斧子，有时甚至还想举起它，可使尽了全身力气，怎么也

举不起来，为此他多次苦恼过，恨自己怎么不快长大。他常常幻想，长大后有一把斧子时、用它来和山姆大叔比试比试该多好。

小乔治生日前的一天，他放学回家后，在父亲的抽屉里不知寻觅什么时，忽然发现了一把用红绸带包着的一把玲珑的小手斧，他高兴极了，找到了父亲，缠着他要那把小手斧。可奥古斯丁以乔治年纪太小、不能使用这样锋利的东西为由而拒绝。这把小手斧是几年前一个英国绅士送给他的礼物，其实奥古斯丁也很喜欢它。

生日，对于孩子来说，是长大的标志，是迈向成人的里程碑。今天，当小乔治10岁生日时，奥古斯丁觉得该把自己珍藏的小手斧交给小乔治了。于是，他起身走到小乔治身边，将小手斧送到了儿子的面前。

这时候，小乔治高兴得跳了起来，恭恭敬敬地向父亲道了声“谢谢！”此时，他的全部身心都集中在心爱的小手斧上。他看着它，轻轻地抚摸它，那烧黑的斧背，锃亮锋利的斧刃，玲珑的斧柄，他太喜欢它了。小乔治又将它拿起来，紧紧地贴在自己的脸上，凉丝丝的，舒服极了。

全家人都望着小乔治那高兴的样子只是笑。好一阵，小乔治一把抱住爱他的父亲，口里不停地喊道：“爸爸，您太好了！您太好了！”

奥古斯丁用他那双有力的手，轻轻地抚摸着儿子的头，生怕伤着他似的问小乔治："你知道我为什么要送你一把小斧子吗？"

小乔治回答道："因为今天是我的10岁生日，而且也说明您喜欢我呗！"

"当然我很喜欢你，你要明白，10岁生日，标志着你已经长大了，你将快要成为一个小伙子了。希望你将来用这把斧子去开辟一个新的人生，新的时代，当一个诚实、坚强、有用的人。"奥古斯丁怀着无限的希望之情对小乔治说。

"明白，爸爸！您不用担心，我一定会按您说的去做，不会让您失望的。"

乔治·华盛顿的父亲是大庄园主，家中有许多果园，果园里长满了果树，但也夹杂着一些杂树。所以父亲还告诉他，要他把影响果树生长的杂树砍掉，而且他还再三叮嘱儿子，不要伤害一棵果树。

第二天放学回到家里，小乔治从枕头底下拿出那把斧子，来到奥古斯丁最喜欢的樱桃树林，准备和山姆大叔比试比试。在丛林中他到处寻找山姆大叔，可连他的影子也没见到。他放开嗓子高声喊道："山姆大叔，您在哪儿？"一连喊了几次，始终没有听到山姆大叔的回声。他失望了。

此时太阳将要沉到地平线以下去了，小乔治只好拿着他心爱的小斧子往回走，他一边走，一边挥动着斧子向道路两旁的荆

棘砍去，锋利的斧子所到之处，枝叶横飞。见此情景，他兴奋极了。

这时，他想起爸爸常常给他讲述的勇敢的圣乔治用斧子砍杀危害百姓的巨龙，救出美丽的姑娘的故事，更是勇气十足。他在设想，如果现在樱桃林中突然蹿出一条巨龙，自己也会像圣乔治一样，毫不畏惧，挥动斧子，将那害人的巨龙砍杀，为民除害。

他手中的小斧子在空中挥舞得更快，仿佛自己成了这樱桃园中的英雄。忽然，小手斧从手中飞出，飞向一棵树杆只有胳膊样粗的樱桃树，只听到“咔嚓”一声，那棵樱桃树倒在了地上。

见此情景，小乔治一怔，心中暗暗道：“这下可闯大祸了！”他上前几次想将樱桃树扶起，让它重新站起来，可怎么也不行。当天晚上，小乔治为此事几乎一夜没睡着。事情很快被奥古斯丁知道了，他没有立即找小乔治，而是等待着儿子自己承认错误。

▲华盛顿

第二天早餐时，奥古斯丁表情十分严肃地对孩子们说：“告诉大家一个不好的消息，咱家的樱桃园里有一棵小樱桃树不知被谁砍倒了，我想这种事我家的孩子是不会干的吧？”

奥古斯丁话音刚落，几个孩子都纷纷对他说自己没有砍，只有小乔治默默地低下了头，脸上红一阵白一阵。此时，他思想斗争很激烈，承认自己砍倒樱桃树，爸爸一定会将心爱的小斧子没收；不承认吧！自己又不愿做一个不诚实的人。

终于，他鼓足了勇气，放下手中的叉子和碟子，站起来，低声说：“爸爸，樱桃树是我砍倒的，请您惩罚我吧！”停了一会，他又补充道，“不过，我不是故意的。”

父亲听了小乔治的话，不仅没有打他，还一下把他抱起来。高兴地说：“我的好儿子，爸爸宁愿损失一千棵樱桃树，也不愿你说一句谎话，爸爸原谅诚实的孩子。不过，以后再也不能随便砍树了。乔治，你确实长大了，自己做错了事能勇敢地承认。我用一棵树换取了你诚实的品德，值得。不过，你只知道错了还不够，而应当明白，下一步应该怎样改正错误。”

第二年的春天来临之际，人们发现原来被小乔治砍倒的樱桃树旁又种上了一棵小樱桃树。奥古斯丁明白，这是儿子小乔治亲自栽种的。

有一次，乔治·华盛顿在自家的后院里栽了一棵苹果树。他父亲见到后对他说：“你若想吃到苹果，就应该把它种在有阳光的地方，并且不断给它浇水施肥。”

在转身离去的时候，父亲又加了一句："如果你帮助别人得到了他想要的，你就能得到你想要的。"

为了使儿子受到正规系统的教育，当乔治刚刚懂事的时候，父亲就把他送入附近的一所学校里就读。

乔治的第一位老师是一个叫霍比的农民，他所教的都是一些最简单的科目，如识字、算术等，这些远远满足不了乔治旺盛的求知欲。

乔治的第二位老师是威廉斯先生，也颇具"学者"风度，擅长数学和语法。受这位老师的影响，乔治11岁时已经学会了读、写和计算等基本技能，其中学得最好的课程是数学，并养成了精打细算、一丝不苟和有条有理等好习惯，这使得他终身受益匪浅。

1743年4月12日，乔治的父亲年仅49岁突然患急症去世了。奥古斯丁·华盛顿为子女们留下了一大笔遗产：一万亩土地和49名奴隶。

其中长子劳伦斯分得了波托马克河两岸的庄园以及翻砂厂的部分股份。

乔治成年后可获得腊帕赫诺克河畔的土地，和十名奴隶以及一些不动产。

但乔治却认为，父亲留下的教诲要比这些遗产更为重要。

由于小小的乔治·华盛顿天性喜欢自己动手料理一切，因此他学到了不少东西。

那时候的庄园生活是基本自给自足的，他不仅会种地、养牛、种花、植树、打猎，还亲自动手为山庄酿造啤酒，一边实践一边记笔记，天长日久，他的手艺越来越精湛。

一天，他接待了一位过路的英国绅士向他讨水解渴，他递过一杯自酿鲜啤酒，那绅士接过一饮而尽，略加回味。

过路的英国绅士向乔治·华盛顿惊喜地问道："你从哪儿买的？这是我们英国最好的啤酒。"

乔治·华盛顿笑而不答。

旁边的一个小伙子告诉绅士："这是这位先生自己酿的。"

绅士惊诧不已，此后便到处传扬乔治·华盛顿的名字。

乔治·华盛顿不仅自酿自饮，还把一些秘诀写成《淡啤酒造法》的小册子传给他人。

乔治·华盛顿比所有美国总统都了不起的地方不仅在于他会全套农牧活计，还因他是一位优秀设计师装修高手。

乔治·华盛顿遗留下来的格鲁吉亚风格的山庄，就是他本人设计绘图和指挥装修的。

最无人能及的是乔治·华盛顿在连任两届之后，不顾大选结果，回家种地酿酒。

## 感动同伴的胜利者

心地善良的小乔治常常用自己的真情打动周围的人。

一次，他和伙伴们玩战争的游戏。他们分成敌我两方：皮带上挂红布的是英军，挂白布的是西班牙军，哪一队获得对方的布条最多，哪一队就赢。

他们用抽签的方式挑选主将。结果，乔治当选为英军的主将，西军的主将是派赛尔。

“我们要把西班牙军，杀得一个也不剩！”乔治说着，挥舞着他的小红旗。

于是，两军的孩子们，就开始战斗起来。

“杀！杀！冲呀！”两军的“士兵”个个奋勇作战，他们为了要夺取敌方腰上的布条，常常互相扭成一团，有时跌在地上还难分难舍，战况非常激烈。

最后，“英”军获得胜利。

▲年轻时代的华盛顿

“万岁，万岁，伟大的英军万岁！”华盛顿这一军高兴得跳起来齐声欢呼。

这时候，那个满脸不高兴的西班牙军主将派赛尔，立刻大摇大摆地走到他们面前。原来，当他被挑选为西班牙军主将的时候，心里就老大不高兴。

“喂！你们这些家伙实在狡猾！”派赛尔这样咆哮起来。

“为什么？”

“你们身上佩的都是红布，所以会打胜仗。不管是谁，只要站在英军这一边，一定会赢，这是不必说的。”

这番话说得毫无道理，不过，派赛尔那副凶悍的样子，实在吓人！所以，大家都被他吓得发愣，没有一个人敢开腔。

半晌，终于有人打破了这可怕的沉默：“派赛尔，你也太下流了！”

大家一看，原来是乔治的好朋友密地莱德，他是个身材矮小的孩子。他本来就讨厌派赛尔的傲慢态度，现在，看见他这样欺

负人，再也不能忍受了。

“卑鄙下流的家伙！”密地莱德一面这样骂，一面向前跨上一步。

“不要讲了，密地莱德，算了吧！”乔治用力抓着他的朋友的手臂。当然，他自己心头的愤怒，也达到了极点。

“你讲什么？”派赛尔握紧拳头，狠命地向密地莱德的脸上揍了过去。

“又打起来了！”

本来尽量抑制着愤恨的孩子们，这时都不约而同地站在密地莱德这一边，准备和派赛尔算账。

不过，派赛尔也有拥护他的一批伙伴，于是，双方就又展开一场混战。

“好了！大家怎么好打架？住手！”乔治的喉咙快喊哑了，拼命地去把两方面的人拉开。

不用说，乔治的心里，当然也一样痛恨着派赛尔，可是，他并不想利用这个机会来复仇。他眼看敌人的势力孤单，已经吃到了亏，心里也是非常难受。于是，他就大声地喊着。

这时候，一阵“喀喀”的脚步声传了过来，被称为“拐杖老公公”的霍比老师来了！

“这还得了，竟然打起架来了！住手！”

大家回头一看“拐杖老公公”，急忙向两边散开去。

“你们把学校当成什么地方了？”霍比老师这样严厉的声音，是大家从来没听过的，个个都低下了头。

“到底是谁闹出这场乱子来的？”霍比老师瞪着一个个灰头土脸的孩子，大声问道。

可是，始终没有一个人敢挺身出来承认。

那个闯出这一场乱子来的祸首派赛尔，也只是哭丧着脸，在一旁低着头不做声。

这时，有一个孩子走到老师面前，先叫了一声：“老师！”

大家一看，原来是乔治。

“是我！闯出了这场乱子来的，是我！”

“华盛顿！是你吗？”老师起先十分惊讶，接着，脸上就浮现出一丝笑容来。因为，他已经明白真相了。

“打架是不行的。”说完，霍比老师又倚着那根拐杖，“喀喀”的走开了。

足足有两三分钟没有人说一句话，突然间，却听到了一阵哭泣的声音，竟然是派赛尔哭了！

“乔治，我对不起你，请你原谅我。”派赛尔一面擦着泪水和鼻涕，一面哽咽地说。

“没有什么，派赛尔，哭什么呢！”乔治安慰派赛尔说。

这几句话尽管很简短，却含着一种无法形容的宽容气度。

从这天起，派赛尔就变成了一个脾气很温和的孩子，即使在

路边碰上小朋友，他也会满面笑容地先向人家打招呼。

乔治胜利了，他并不是靠武力获得胜利，而是靠着无形的精神感化力获得了辉煌成果。

可是，不久后，悲惨的命运却落到乔治的身上来了。

在乔治11岁那年的4月初旬，他跟着霍比老师到20公里外的地方去旅行。

在旅行途中，家里派一个佣人来通知乔治说："你爸爸害了急病，请赶快回去。"

乔治立刻赶回拉巴哈诺克的家里。可是，他父亲却已去世了！享年49岁。

乔治的爸爸奥古斯丁，是一个度量宽大，身强力壮的人。在他开设的亚安工厂里，两个人也抬不动的东西，他一个人就有本领装到车上去的。

爸爸奥古斯丁常对华盛顿说："我在一生中，从来不曾因为一时气愤而打过人，这是我要感谢上帝的。要是我去打人的话，像我这样大的力气，一定会把人打死的！果真这样，在我身体中循环着的那种可诅咒的血液，一定会使我苦恼得神魂不安。"

爸爸的去世，在乔治的心里，留下了终生不能忘怀的悲痛！

"我也要表现得和爸爸同样杰出。"

乔治暗暗地发现，父亲所留下的庞大遗产，根据当时的法律，大部分都归大儿子劳伦斯继承；老二奥格斯丁继承了距离西摩亚兰德很远的一片土地，他就在白立杰斯河边，居住了下来；留给乔治母亲的，只是拉巴哈诺克河边的一点田地，等乔治六个兄弟长大以后，再分给他们。

“现在，你们再也不是大地主的小少爷，不能再过那种舒舒服服的如意日子了！大家要去开垦自己的土地，开辟自己的道路才行！”乔治的母亲训诫她那几个孩子说。

## 长兄的帮助和关怀

失去了慈父，对于年幼的乔治来说简直是雪上加霜，他悲恸欲绝。然而，在这灰暗忧伤的日子里，另一个人激发了他继续生活下去的勇气和奋斗进取的希望，这就是他同父异母的长兄劳伦斯·华盛顿。

在乔治的早年生涯中，没有任何一个人能像劳伦斯·华盛顿那样在生活和学识上给他以巨大的帮助和关怀。

劳伦斯对乔治表现出真正慈父般的关心体贴，而乔治则对劳伦斯怀有崇敬心理。两个人感情融洽，趣味相投，这种亲密的手足之情无人能比。

劳伦斯比乔治大14岁，他从小就聪明伶俐，显示出过人的天赋和才华，被奥古斯丁·华盛顿看作家族未来的希望。

乔治10岁那年，他那同父异母的哥哥劳伦斯从外地回到家里来。他们兄弟俩的年龄虽然相差很大，感情却很好。

“哥哥，你回来啦！”乔治看到这个身材高大，穿着一身漂亮的军服的劳伦斯少校，心里真有说不出的尊敬。在小乔治看来，劳伦斯满腹经纶，风度翩翩，是一个极富教养的真正的男子汉，在学识和风度等方面都值得自己崇拜和效仿。而劳伦斯对这个弟弟也似乎有一种特殊的好感，对他爱护备至。

劳伦斯16岁时，奥古斯丁就把他送到英国去深造，期望他学有所成，光耀门庭。劳伦斯到英国去留学毕业后就参加了陆军。当时，正巧赶上英、西战争爆发，他就加入作战行列。在西印度群岛的激烈战争中表现良好，屡建奇功，所以获准休假，返回故乡。

“乔治，你好！”劳伦斯一看到长大了的弟弟，非常高兴，就讲了许多有趣的作战故事给他听。

乔治屏气凝神侧耳专注地听着，那副神情，使劳伦斯对他更加喜爱。听了这些故事以后，乔治在学校里，就常常和同学们在一起做战争的游戏。由于有乔治的参加，大家每次游戏都很开心，再也没有打架的事情发生了。

不久，由于英国与西班牙之间爆发了战争，劳伦斯应征参加了英国海军，在弗农海军上将的率领下赴加勒比海作战。

战争给了劳伦斯展示勇气和才智的机会，他在战斗中的表现十分出众。他勇敢机敏，屡立战功，因此赢得了弗农等军事要员们的信任和友谊。

乔治目睹了亲爱的哥哥披挂戎装，奔赴战场的英姿，并听到了不少关于他英勇作战的故事，深受感染和激励。

这一时期，乔治经常与小伙伴们在草坪林地之间搞军事操练，进行假想的战斗和模拟军事演习。

由于乔治生来就强壮有力，又能自觉刻苦地进行锻炼，使他成为体育竞赛中的佼佼者。再加上他少年老成，为人厚道，处理问题果断，因此在学生中享有很高的威望，被一致推举为学生军的“总司令”。

1742年秋，战争结束，劳伦斯回到家中。不久，弗农上将被召回英国，他希望劳伦斯随他同去，以便在海军中发挥才智，谋取功名。这正中劳伦斯下怀。但此时发生了两件事，使他不得不放弃这一计划，并改变了他一生的轨迹。

▲华盛顿画像

这一年冬天，他爱上了费尔法克斯县的威廉·费尔法克斯先生的女儿安妮小姐，并且很快就订了婚。

第二年春天，父亲奥古斯丁突然病逝。从此，劳伦斯便在波托马克河岸边的庄园里定居下来，并于这一年7月结婚成家。

为了纪念海军上将弗农先生，也出于对未竟事业的留恋，劳伦斯将庄园改名为弗农山庄。

弗农山庄在波托马克河畔的小山上，那里绿树环绕，鸟语花香，似一个人间天堂，它留住了劳伦斯那颗高傲的心，也深深地吸引了小乔治。没了父亲，小乔治索性搬到了劳伦斯的弗农山庄小住。

父亲去世后，劳伦斯对乔治更加关怀体贴了。他不仅十分欢迎常常不期而至的乔治，而且还经常主动接乔治来庄园做客。

他那威武的军人气质和绅士般的言谈举止对乔治来说具有迷人的魅力；他那渊博的知识和动人心魄的战斗故事更使乔治入迷至深，流连忘返。

劳伦斯已经成了小乔治精神上的依托和崇拜的偶像，一言一行、一举一动都对乔治产生着不可估量的影响。1747年夏秋之交，乔治正式搬出弗农山庄。

华盛顿和哥哥劳伦斯虽说不再居住一处，乔治或骑马或乘船经常到弗农山庄玩耍。这对乔治的好处是很大的，一来可解除生活的寂寞孤独；同时还能领受兄长的教诲和熏陶。

劳伦斯虽然没去英国海军部门，凭借他的能力和品德，在当地很快便成为深孚众望的头面人物。一顶顶头衔和桂冠纷至沓来，他相继担任了地方议会议员、少校副官长等职务，享有一份为数不菲的定期薪饷俸禄。

# 和睦的同胞兄弟

天刚破晓，太阳冉冉地升起，揭开了一天的序幕，新的一天，象征新的希望。

乔治站在河边，静静地注视河面。

突然，一个小男孩沿着河岸急急忙忙赶来，他大声地嚷着，嚷叫的声音吓走了正在树上唱歌的小鸟。

“哥哥，你好坏，为什么不叫醒我，一个人跑出来玩？”

“若杰，我看你睡得正香，怎么忍心叫醒你呢？”

乔治微笑着回头看着弟弟，说：“哎！连一条鱼的影子也没有！我们到码头那边游泳去吧！”

小弟兄两个一起爬上岸边，就肩搭着肩，亲亲热热地向着下游那边走去。

他们穿过一片已经开垦的烟草地，就望见宽阔的波托马克河以及河中的阵阵轻波。

太阳已经高高地升起了。微波荡漾的河水，被照耀得银光闪闪。

小弟兄两个，马上脱下上衣，“扑通、扑通”，双双跳进水里去了。

一会儿，“啪！啪！”的击水声和两弟兄的欢笑声，不断地从荡漾的水面传过来。

两人玩够了，就湿淋淋地爬上岸边来。

弟弟若杰一面穿衣服，一面对乔治说：“哥哥，你可要跟我一起回到费利华姆老家去！你要不去的话，我还想在这里再住几天呢！家里的培蒂也好，萨摩也好，还有查理斯，都因为哥哥不在家，而觉得很寂寞哩！”

原来，乔治自从父亲去世以后，为了升学，就一直寄居在威克斐德，即哥哥奥格斯丁的家里。

“可是，今年夏天，我非住在这里不可，因为威廉老师的课，还没有结束哩！”乔治沉思了一下，这么回答。

“你也打算像劳伦斯哥哥、奥格斯丁哥哥一样，到英国去念书吗？”

乔治摇摇头说：“不想去。我除了数学以外，其他的功课都很平常。而且，家里也没有那笔钱供我，现在最要紧的，还是做事。”

“那么，你想要进海军吗？”

“不，我已经打消了这个念头。本来我取得了妈妈的同意，已经把行李搬上一艘停泊在波托马克河里的军舰上。可是，到了要开船的前一天，妈妈却变卦，不放我走了。”

▲华盛顿

“因为伦敦的约瑟夫·菠尔舅舅写信来说，到海军里去做事，不但薪水很少，而且还得爬桅杆，洗甲板，忙得连奴隶也不如，简直像头狗，还不如去学做生意好呢！实际上，妈妈是因为我走了，她怕寂寞，是不是？”

“嗯！我也认为哥哥不去参加海军，而和我们在一起比较好。”

一路谈着，已经走近奥格斯丁家来。

“哥哥，走快一点，已经是吃早点的时候了。”

走进餐厅，奥格斯丁的太太亚恩夫人，早就坐好在那里了。

小弟兄两个马上在餐桌边坐好。这时，奥格斯丁也来了。

亚恩夫人一边倒茶，一边说道：“乔治，你大哥劳伦斯，今天要到这里来呢！”

乔治的心立时跳跃起来。他和奥格斯丁哥哥感情虽然也不错，可是和劳伦斯哥哥间的感情，却更好了。

劳伦斯现在是州议会议员，同时，还担任弗吉尼亚州的军司令官，在地方上已经是位赫赫有名的杰出人物。

“听说，他在州议会开会前一两天，要去威廉斯巴克，先在这里住一夜，明天就要出发。”

乔治正想开口说话，可是，一个黑人仆役已端进了热腾腾的面包来，大家就忙着吃早餐，谈话也暂时停顿下来。

过了一会儿，若杰一面把吃光了的碟子推开，一面问道：“喂！二哥，今天要不要把小艇上的布帆挂上，开动开动？”

▲华盛顿画像

奥格斯丁听了，就含笑这样回答：

“什么！你还要跟我一起出去玩吗？不行啦！因为，我已经答应乔治，今天要训练他骑一匹凶马。”

一名黑奴从马棚里牵出一头鬃毛长得相当漂亮的两岁幼马。“哈哈！你看怎么样？”

这头幼马非常凶悍，它睁大了凶恶的眼睛，直瞪着人，不住地摇晃着头，四腿乱蹦。强健的黑奴能够替它套上马辔，已是件很不容易的事情。

若杰往后面倒退了两三步，默不做声地在旁边看着。

乔治从口袋里掏出了一把米来，悄悄地走近那马的身边。一面把手心里的米喂给它吃，一面轻轻地扶弄着它的鼻子和大长脸。

等到那头马的心神完全安定下来时，乔治就矫捷地跨上了马背，急急地喊着："把栅门打开！"随后就冲出大门，飞也似的跑向一片碧绿的草原。

若杰坐在树木上，看得心惊胆战。乔治骑在马背上，一把又一把的收紧手里的缰绳，拼命调整马的步调。

"哎呀！"那些在旁边看的人，忽然惊叫起来。

原来，那马突然高举起两条前腿，站得笔直！接着，又跳离地面几尺高，摇晃着脑袋，狠命要把骑在它背上的人掀下来。

可是，乔治总是随机应变地控制着手里的缰绳，放松了又收紧，收紧了又放松，控制得恰到好处，使得那匹马无法得逞，只好载着乔治猛跑。

"骑得真好！"

"马跟人已经完全结成一体！"

木栅边的人们，早被那几个惊险的镜头吓得目瞪口呆，随即不住地喝彩。

那马蹦跳过一阵以后，接着就向前飞驰，慢慢地，马和人的影子逐渐消失在一座小山边了。

半小时过去了，却始终不见马和人回来。这时，大家不禁担忧起来。

“总不会跑进森林里去吧？万一冲了进去，那就糟了！”奥格斯丁这样自言自语着。

就在这时候，从远远的一座森林的浓荫里，露出人和马的踪影来，终于慢慢地挨近了过来。

“嘿！真了不起！”大家拍着手，这样嚷起来。

那匹凶狠的马，已经累乏得筋疲力尽，当它跑上牧场时，四条腿都站不稳了。

“真是一头难驯的狂马，你们看，它全身都被汗水给湿透了！”

乔治从马背上跳了下来说。

“除了你，谁骑得了它呢！”奥格斯丁赞叹地说。

这时传来一阵马蹄声，有一个人骑马跑了过来。

“老板，海伦号商船派人来说，船上还有空位，可以再装12箱纸烟，船要等上潮的时候开，所以，叫我们赶紧装货。”骑在马上的人这样说。

奥格斯丁看了一下手表：“这样说来，也只有两小时的时间了。喂！大家都到仓库里去吧！”

说完，奥格斯丁就跨上了马背，朝仓库飞奔而去。

那时候，弗吉尼亚的大地主，都把原始森林开辟成烟草田，然后再把烟叶输往英国，这是他们的主要事业。

乔治和若杰两个，沿着草地，走向河边去。

“现在，伦敦的纸烟市价，不知道一箱究竟值多少钱？前些时候，纸烟的价钱很不好，听奥格斯丁说过，打算另外换一家批发店呢！”乔治一面走，一面低声地这样说。

若杰听了，很诧异地看了他哥哥一眼。

他想不到，这个了不起的骑士，竟像那些讨厌的大人一样，把纸烟的价钱也老放在心上。

“哥哥，在这树荫下教我摔跤好不好？”若杰指着眼前的树荫，这样问。

“现在不行，因为我要去看看那艘海伦号商船呢！”

“我们一起去吧！”

弟兄两个，就划着小艇出去，远远看见一队牛车的行列，沿着山坡，把仓库里的纸烟，运到江边来。

“你看，那艘停泊在那里的商船，就是海伦号啊！”乔治伸手，指着江面这样说。

从那艘两根桅杆三面帆篷的商船里，正有好多木箱和竹篓，卸到驳船里去。

因为，当时的大地主，都用输出纸烟的货款，从伦敦采购各种家具以及日用器物回来的。

乔治划到一半，忽然停了下来。

“哦！哥哥，怎么样了？”

“劳伦斯哥哥现在应该到达这里来啦！我一时倒忘记了。”

弟兄两个急忙返回家里，果然，从前面正传过一阵嘎嘎的马蹄声。在大门，亚恩夫人带着七八个黑人，站在那里迎接。

走在最前面的，就是骑着一匹棕马的劳伦斯，几个黑人跟在载着行李的马匹后面。

“大家好！”劳伦斯很轻快地从马背上跳了下来，脱下他头上的一顶海军三角帽，一面向大家这样招呼，一面走向大门口。那一副英俊威武的风采！真使人敬羡。

“嘿！乔治，你好？”劳伦斯亲热地打招呼，然后，全家大小一起到起居室去喝茶。

“现在，书读得怎么样了？拉丁文学会了没有？”劳伦斯关心地问。

乔治却显出一副不屑的态度，激动地说：“大哥，我并不想效法英国绅士研读拉丁文，只希望做一个拥有独立人格，精神高贵的人。”

劳伦斯一听，笑着不语。而奥格斯丁却板起脸孔，训诫起这个个性急躁的弟弟来：“乔治，你能够把那急躁的脾气改掉的话，将来，就能够成为一个杰出的人物！”

乔治为了要泄愤，就握紧着小拳头说：“可是，我！我已经学会了很多本领，要我记账，我就会记账，而且，还会画工程蓝图。只是，我认为拉丁文绝不是一门重要的学问！”

乔治说的是实话。他自从进了威廉先生所办的中学以后，并不死啃书本，而是喜欢学习切合实际的功课。虽然他才15岁，可是，如果拿出他那时所记的札记来看，就可以发现，在他的笔记本上，抄满的是关于票据以及土地买卖契约、证明文件、借据、契约合同、遗书等文件的格式。

乔治尤其热衷测量，经常在放学后，独自一个人留在学校测量着学校的建筑，并且一一描绘出透视的结构蓝图，他所完成的作品，其精准度和正确性，完全看不出是一个小孩子测量出来的。

于是，“少年测量家”这个称号，很快地就在学校里传了开来。

“哥哥，请你教我测量好不好？因为，我想做一点实际的工作，对书本我实在有点读腻了。”乔治向他哥哥，提出了这样的请求，而且，说得很恳切。

这时，亚恩夫人来告诉大家，饭已经好了，于是，劳伦斯一面站起来，一面拍拍他的肩膀，说：“乔治，你的心情我懂得，我会给你想办法的。”

弟兄四个都坐了下来，丝毫没有隔阂地畅谈着，餐桌上显得非常热闹。

“费亚华克斯家里的人，都很健康吧？”亚恩夫人这样问。

原来，劳伦斯是和弗吉尼亚里数一数二的大地主费亚华克斯家的女儿结了婚。

夫妻俩在波托马克河边，造起一座豪华的住宅，还给这座住宅起了一个别名，叫“弗农岗”。

“是的，都好。而且，弗农岗现在非常热闹。费亚华克斯家的大公子乔治·威廉，已从英国大学毕业，回到家里来了。同时，费亚华克斯爵士也暂时住在那里，他说要等新建筑的住宅落成以后，才搬出弗农岗呢！”

“咦！那位老爵士是英国的大政治家，也打算在美洲住下去吗？”

“是的。费亚华克斯爵士对于那闹得乌烟瘴气的政坛，已经感到厌倦了，所以，就在原始森林里，造起房子来。他说，要把他那把老骨头，埋在这个新世界的土地里。”

接着，劳伦斯又对乔治这样说道：“乔治，下次你到弗农岗来的时候，可以陪着老爵士去猎几只狐狸。因为那位老爵士对于打猎最感兴趣。”

乔治一听，兴奋得胸口一个劲儿怦怦地跳。

劳伦斯看了看乔治兴奋的脸孔，又说：“乔治，我对于你的

主张，非常赞成。威廉是在英国的大学里，研究测量学的。你就到弗农岗来，跟他学习测量。同时，为将来打算，你还非得学一点剑术和战术不可。我打算将来要你到我身边来帮忙呢！”

于是，乔治决定秋天过后，就到弗农岗的劳伦斯家里去。

决定这件重大事情的时候，是1747年5月，那时乔治·华盛顿刚满15岁。

# 搭救印第安少年

山谷里起来一阵大风暴，只见那些狂风在大树间怒吼，从乌黑的天空中，闪耀出一阵阵刺眼的电光。雷声震动着整个的山谷，大大的雨点，从山岩边猛袭下来。

经过整整一天以后，暴风雨总算停息了。可是，由于亚来格尼山脉遭受暴雨的侵袭，河水立时增高了两米左右，这使他们没有办法渡过河去。

“糟糕！”大家望着那涨满了水的河面，都不禁低声地叹息。

“嘿！我去打猎了。”乔治背着猎枪，跟大家打着招呼。

哥哥劳伦斯和弟弟若杰以及亚恩夫人都劝他不要去，因为暴雨后的山谷是很危险的。但乔治并不怕这个，他还是去了。

被雨水浸透了的山腰里的树叶，只要被轻风稍稍一吹，就哗哗地掉下一颗颗的水珠来。在脚底下，是汹涌在山岩间的澎湃激流。

“啪！啪！啪！”从草丛里发出了一阵鸟儿展翅高飞的声音来，一转眼间，就冲上天空去了。乔治举起枪来正想瞄准，可是，那鸟儿早已飞得不知去向，连半点声息也没有了。

突然间，从老远的上游那边，传过来一声“救命啊！”的叫声。乔治听清楚那的确是人声。于是，便赶紧往那边跑去，站在河岸上寻找人影。这时，他看见从河水的上游那一边，有一个人被河水的浪花忽隐忽现地冲卷过来。乔治想，他一定是在钓鱼的时候，一不留神，脚下一滑，才掉进河里的。

这河流的大岩间，密布着如魔窟般的旋涡，其间水流之急，简直吓死人了。一旦被卷进旋涡里去，不管是一个技术如何高明

▲华盛顿像

的游泳健将，也休想生还！

“救命！”是一个少年的求救声，看来，他快要沉下去了。

乔治把猎枪往岩石上一甩，脱下皮鞋，扑通一声就跳进了那深渊里去。

奋力爬上岸来的乔治，全身不停地在那里发抖，在他的腋窝下，还挟着一个印第安少年。

这真是一场在生死边缘上的考验！只要稍迟一步，抓不住那印第安少年的话，他们两个都将葬身到那旋涡里去。

“喂！你怎么样？”

“谢谢你，谢谢你救了我的命！”那少年在那里不住地发

▲美洲印第安人

抖，他的英语虽然不行，却还能说几句。

“你家住在哪里？”

“在那边，在那座丛林内。”

“赶快回去吧！你爸爸妈妈都会担心着你呢！”乔治脱下身上的湿衣服，一面把水拧干，一面这样说。

那少年听了回答：“我不敢一个人回去。”

“为什么？你不认识路吗？”

“不，如果我自己一个人回去，爸爸一定会骂我是一个忘恩负义的人，怎么不把恩人带回去，好好地谢谢呢？”

乔治听了，只好苦笑地说，“好吧！我跟你回去。走吧！”

乔治和那个印第安少年，一起走进丛林里的一条小道。当他们走到小路尽头的时候，乔治顿时吓得面无人色！

原来，一队用一颗人骨开路的有20多个印第安人，在乔治面前出现了！

这是一群把割取人头当作家常便饭的野蛮人！因为手里的人头愈多，愈被大家认为了不起。要想被大家认可，必须搜集许多人头才行。

那少年用一种奇怪的喊声，嚷了起来，一面往那队印第安人走过去。原来，这队印第安人的酋长，就是这少年的父亲。

这队印第安人知道乔治是少年的救命恩人后，便把他围在队伍的中心，带进他们的村落里去。那是在丛林里开辟出来的一片原野，散布着一幢幢茅屋的村落。

大概是为了庆祝酋长的儿子脱险归来，印第安人马上就把广场打扫得很干净，还在正中央燃起一堆篝火。四周围满了印第安人。

不久，酋长宣布晚会开始，一个头上插着羽毛，腰间裹着一片布的青年，从队伍里跑出来，手里挥舞着一支长枪，开始表演乔治从来没有看见过的奇妙的舞蹈。

跟着，就有许多同样打扮的青年，站了出来，扭动着腰肢，一起参加跳舞。其中有一个人，拿起一只里面装着水，壶口上蒙着鹿皮的水壶，吟吟地敲起来。另外还有一个人，也拿起一个装饰着马尾，里面放着石子的葫芦，不住地敲着。

接着，所有的印第安人都发出一阵阵奇特的叫喊声，然后他们在熊熊的火堆边不断地穿梭跳舞，围成一团。这番情景，要说是一堆人，还不如说是一群妖魔来得恰当。

可是，乔治就因为这次特殊的经历而跟印第安人建立了感情。这对于乔治一生的影响，实在太大了。

## 被任命为政府测量员

在学校念书的乔治还是那么喜欢数学。不过另外一门新的应用学科，即土地测量学，更引起他的兴趣。很快就掌握了先进的土地测量技术，并养成了认真细致、吃苦耐劳的工作作风。

此时，北美的弗吉尼亚的农业经济处于发展初期，土地的开发、买卖和利用，在经济生活中十分重要。当一名土地测量员不仅待遇优厚，而且社会地位相当高，受到人们普遍的尊重。作为大庄园主，自己又善于测量和管理土地，实惠就更大了。

乔治有很好的数学功底，学习又十分认真刻苦，很快就精通了这门技能，掌握了当时最先进的土地测量法。

乔治在艰苦的土地测量工作中，养成了一种认真细致、吃苦耐劳和持之以恒的工作作风，不论任务多么艰巨，环境多么险恶，他都能从容不迫、有条不紊地把工作做好。

费尔法克斯的家庭，对乔治的未来事业有着深远的影响。

老费尔法克斯勋爵也很欣赏这个聪明好学的青年人，多次邀请乔治来贝尔沃庄园做客。

他们在一起读书游乐、谈古论今、骑马打猎、野餐垂钓。有时乔治一人泡在书房里博览群书，贪婪地阅读历史、文学名著，尽情吸收知识营养和社会信息。

一来二往，一老一少竟成了忘年之交。通过费尔法克斯勋爵的引见，乔治又结识了更多的上层社会名流，频繁参加社交活动，他的视野开阔起来。

在与他们的交往中，乔治养成了一些良好的习惯，学到了英国上流社会的道德观念、礼仪典章和温文尔雅的风度。他学会了跳舞和骑马，举止文雅，彬彬有礼，有着很强的道德观念。

随着年龄的增长和阅历的丰富，乔治开始认真思考自己的未来。他的血管里流淌着移民后代的血液，饱含着渴望刺激的冲动和奋斗开拓的因子。

他暗自发誓：

> 一定要寻找机会，力图走出小天地，创建一番惊天动地的大事业。

乔治曾经考虑过像哥哥劳伦斯那样当个海军，随军舰周游世界。这很适合他的性格，又是一种成功的机遇。

1746年9月，乔治14岁，大哥劳伦斯亲笔给海军中的老上级写了一封推荐信，希望利用老关系在海军里找到一条就业的门路。

先前已说过，母亲玛丽是个极有主见的人。尽管兄弟俩在她面前说得天花乱坠，她却不为所动。

经过权衡利弊，母亲玛丽表态说："当个普通水兵打起仗来危险万分；不打仗的时候不仅收入菲薄，还要受长官的气，一辈子很难混出个前程。不如留在家乡经营庄园，一家人团团圆圆过太平日子，何必自讨苦吃？"

她的态度坚不可摧，没有商量的余地。

母命难违啊！乔治的雄心壮志暂告搁浅，机遇失之交臂。

母亲这回的刚愎自用，恰似歪打正着，改变了乔治·华盛顿的命运，扭转了他一生事业的轨迹。

▲华盛顿像

试想，如果乔治进了皇家海军，凭其兄的关系混上一官半职，在即将爆发的北美独立战争中，他所扮演的将不是这个华盛顿，而是另一个以其才干效忠老牌殖民主义的反面角色。

正当乔治为没能投身海军而懊恼的时候，另一次机缘正在悄悄向他走来。

1748年，费尔法克斯勋爵要聘请乔治·华盛顿替他测量土地。

英王查理二世赏赐给他家大片的领地。这些领地原只限于拉帕哈诺克河与波托马克河之间的全部土地。经过实地考察，勋爵认定波托马克河发源于阿勒格尼山脉。

他据此提出要求，将其领土扩大到阿勒格尼山脉，并把毗邻的其他土地都包括在内。他的要求得到了批准。所以专门来到弗吉尼亚，就是要落实他的领地疆界。

但是，在兰岭以西的大片领地，只是法律上得到承认，实际上从来没有去勘察测量。更不用说有效的经营管理。据了解大片荒废的沃土，已被一些自由农民占为己有，播种耕耘。

当务之急费尔法克斯勋爵就是雇请测量人员，为他越过兰岭，深入西部荒原，认真丈量土地面积、察看地势高低、注明土质特点，然后才能合理地开发利用。

这是一项十分艰巨的工作，距离遥远，环境险恶。占地人野蛮凶悍，还时常有带弓箭的印第安人出没。这位测量员不好物色，必须技术高明、体魄强健、能吃苦耐劳，又熟悉当地的风土人情和环境气候。

乔治·华盛顿就是有心之人。当费尔法克斯勋爵提出请求，要他参加三人测量小组时，他立刻欣然接受。

乔治·华盛顿刚刚度过了他的16周岁生日，便和大哥的内弟乔治·费尔法克斯一起，带好测量工具，挎上简单的行囊，3月11日，骑上马，向兰岭方向出发了。

乔治他们一队五个人，就从搭救的少年印第安人那边，借了一只独木舟来，渡过高涨的河水，继续他们的测量工作。

坏天气始终跟着他们。有时候，他们的帐篷竟被风卷走了；有时候，被火堆的烟熏得不得不跳出帐篷来；有时候，被雨水给淋得像落汤鸡。有一次，乔治的茅草铺起火，幸而同伴们把他叫醒救了出来，才没有被烧伤。

这是他平生第一次承担一项工作，第一次远离家门进入社会。所以，尽管每天行色匆匆，旅途劳顿，他总是坚持详细写日记。

华盛顿从开发利用角度观察实物，每天所见所闻，经过之处的地形特征、土壤性质、物产民情等一一记录下来。

他们深入边疆蛮荒，接触社会底层，吃了许多苦头，冒了无数风险。

不停地测量土地、划分地亩、给边界做标志。越往前测量生活条件越是恶劣，遇到的困难越大。大部分时间在野外露宿，日晒雨淋、蚊叮虫咬是家常便饭。

这支测量队经过了一个多月的冒险旅行，整个测量工作结束了，他们沿来路返回。

华盛顿这一次参加测量实践，工作能力得到了验证和提高，意志、素质和社会经验大有长进，对兰岭以西地区的人文、地理、农业等有了比较深入的了解，可以说获益极大，对日后的事业好处无穷。

华盛顿在进行土地测量时，在经济方面的收入也相当可观，全月的总收益不少于300美元。

费尔法克斯爵士，对于这次的测量工作，非常满意。“这次情形可好？”老爵士关怀地问乔治。

“很好，这一次，我才觉得多少懂得了一点测量术。”乔治谦虚地说。

“这就很好。你已可以独立作业，有资格做一个真正的测量人员了。”

不久，老爵士亲自出马到政府有关单位去，替乔治争取一个正式测量师的资格。加上华盛顿在土地测量工作中表现突出，1748年夏季华盛顿被正式任命为政府认可的测量员。他第一次有了公职，从此他的测量记录有了权威性，可以列入各机构的档案。

也就意味着华盛顿在17岁时就有了固定的职业和比较丰厚的经济来源。他凭着自己的辛勤劳动，在人生道路上迈出了成功的第一步。

同一年，英国政府给俄亥俄公司颁发了执照，允许该公司开发阿勒格尼山以西50万亩的土地，并给予10年免征赋税的优惠。官方此举旨在促进西部的开发，扩大殖民地范围。

对于华盛顿而言，不啻是天降良机。作为测量员，他的工作机会和活动的天地大大地增加了。他的能力才智在神奇的西部地区将得到充分的施展。

从这时起，连续三个年头，乔治就在忙碌中度过。当乔治住在弗农岗的这段期间里，还从劳伦斯的副官梅慈那里，学习了一些作战的技术。

华盛顿这样的工作和生活持续了三年。大多数时间在兰岭以西，在深山老林里与粗犷的边民打交道。另外，他还跟随劳伦斯的一个朋友、荷兰出生的剑术名家白朗学习击剑。

经风沐雨，吃苦耐劳，在艰难环境中能随遇而安。其他时间也到弗农山庄，看望哥哥劳伦斯，与有教养的上层社会保持着联系。

华盛顿自从成为官定测量员之后，他的工资报酬相应提高。测量顺利时，一个月的收入就有140英镑。所得的报酬积蓄起来用于购买土地。这位19岁的年轻绅士，已经成了拥有1459亩膏腴耕地的有产者了。

劳伦斯和奥格斯丁原本打算把乔治送到英国的大学里去读

书，可是，费尔法克斯老爵士却坚决反对："你们要把这样一个前途无限的好青年，送到那荒唐胡闹的赌博大本营里去吗？到英国去，到底有什么好处？我看，也许会丧失这孩子所有的长处呢！这个孩子，只要他懂得自我教育，那么，他的将来，就会和进过学校的人一样有成就。"

▲准备参加战斗的华盛顿

不久，费尔法克斯爵士就在仙南洞溪谷内，造了一所殖民地式的大住宅，命名为"绿地园"。乔治一到这里来拜访的时候，总是陪老爵士出猎打狐狸。

"打狐狸这玩意儿，如果没有大胆而机警的本领，简直不成！"老爵士对于他所垂爱的这个青年，赞不绝口。而且，老爵士也确实舍不得让乔治·华盛顿离开。

乔治一年中的大部分时间，都是在测量工作中度过。这时，美洲开拓原野的工作，正在积极推进中，需要测量的土地非常多，而取得了测量师资格的人，简直少得可怜。

所以，这个年轻的测量师，不论到哪里，总是忙得不可开交。

乔治在写信给他家乡的朋友的时候，总是这样说：

> 晚上，能够安安适适地在床上睡一整夜的机会太少了。整天到处奔走，一到晚上，在烤火堆的旁边，随便找一点东西，枯草也好，稻草也好，马革也好，熊皮也好，总之，只要是找到什么就用什么，大家都挤在一起睡觉。睡在靠火最近的人，就算是最幸运的了。

乔治就这样在不知不觉中发展。作为一个美洲开拓的先驱者所应该有的体力和知识以及经验，就逐步地锻炼出来了。

华盛顿的哥哥劳伦斯也有一次极好的机遇。俄亥俄公司主席托马斯·李因病去世，劳伦斯继任其职务是顺理成章的事，这是一个很有权势的肥缺。

可惜天不作美，劳伦斯的健康出了问题，医生诊断是肺痨病。那时候治疗肺痨病没有特效药物，乃难治之症，人们谈痨色变。

劳伦斯的身体，本来并不算差，但当他在西印度群岛作战的时候，害上了肺痨病。其后，病势愈来愈重，到了最近，脸色更是苍白，不时地咳嗽。

“这个病，要不趁早医好，将来可就麻烦了。我看还是到巴贝多岛去疗养一个时期的好，你看怎么样？”医师这样劝告他。

那是1751年秋天。这时，劳伦斯夫人刚生产不久，又染上疾病，不能同去。所以，就由乔治陪伴着劳伦斯一起到巴贝多岛去疗养。

华盛顿历来对兄长手足情深，根据医生的建议，放下身边的工作，陪护他到四季和煦如春的西印度巴贝多岛去疗养。

对劳伦斯来说，离开弗农岗是一件非常难过的事情。这不但因为舍不得离开他所爱的妻儿，而且，自从俄亥俄公司董事长托马斯·李上校去世以来，他就担任着这个决定美洲命运的大公司的董事长的重要职务。

他正想趁这个机会，扩充公司的实力，想不到偏偏得了严重的肺病，不得不离开弗农岗。可是，为了他本身的健康问题，只得忍痛暂时离去。

经过一个月光景的海上航程以后，这相亲相爱的两弟兄，就在这南方的小岛上登陆。

蔚蓝的天空，碧绿的海水，树枝上到处挂满着累累的果实。弟兄俩一登陆，马上就搬进当地司令官克劳夫顿上尉的家里去。

从这所距离市街两公里，位于风景区的住宅里望出去，周围所有海上与陆上的景色，以及在喀洛伊湾里进进出出的船舶，都可以尽收眼底，一览无遗。

华盛顿陪伴兄长在西印度的巴贝多岛疗养，他自己不幸罹染上了可怕的天花。这也是要命的传染病，足足病了一个多月。幸

亏体质强健，有足够的抵抗病毒能力。虽免去一死，他的脸上还是留下了隐约可见的麻点。

自从到了这岛上来以后，劳伦斯的病，不但没有好转，反而一天比一天恶化！劳伦斯又打算到更远的百慕大疗养。华盛顿不能再陪他远行了，决定单独先回弗吉尼亚。

“我已经下了决心，要到百慕大岛去疗养。乔治，我想麻烦你，等下次船来的时候，你回去一趟，去把你嫂子和侄儿接来。好不好？”劳伦斯这样说。

“真可怜！大概哥哥是想在离开人世以前，和太太，孩子见一面吧！”乔治心里这样想。

乔治在从巴贝多岛的归途上，遇到了大风暴，那条船被风浪给打得像一片漂浮在水面上的枯叶！

“这海浪真厉害呀！”乔治在甲板上，望着排山倒海而来的海浪，这样自言自语着。

可是，他的前途、同时也是美洲的前途，还有更猛烈的风暴在等着他呢！当然，这是他预料不到的。

在归途上所遭遇到的困难，比去的时候更多。佛伦基河的水涨得更高了，浊浪翻腾。那艘脆弱的独木舟几次撞上山岩，船底被撞坏，眼看船要沉了。华盛顿告诉大家说：“没有办法，赶紧跳下水去！”

大家纷纷跳下水去，用绳子绑住船，然后用力拖着往岸边游，花了半个小时才渡过河。

接着，他们来到另一条河，整条河面给冰块阻塞不通，于是他们只好把独木舟背在背上，艰苦地走上半公里的地峡。

不幸的是，当他们刚到达贝南口的时候，一个同伴因受伤而病倒了！病情严重到寸步难行的地步。

“实在抱歉！我不能送你了。从这里前去，沿路的印第安人十有八九是靠不住的，所以，一路须得特别小心！要是有我在一起，那就不用担心。”同伴伸出颤抖着的手，和华盛顿握别。

华盛顿率领着全队人马，从贝南口出发。那些背上驮满帐篷、行李、食粮的马，都累得几乎就要倒下去的样子。

“这些马真可怜！”华盛顿从坐骑上跳了下来，徒步前进。同时，把驮马身上驮着的东西，分一部分到坐骑的背上去，一方面也要部属们这样做。

天气是越来越冷。整整三天，那些马都拖着疲乏不堪的腿，始终在摇来晃去不稳定的步伐中前进。

“白朗！”华盛顿回过头来，和他的剑术教师说话：“我想早点回去报告总督才好。所以，我想抄近路走，穿过这座森林先回去。这驮马队的指挥，就得麻烦你来负责了。”

华盛顿说完，把法军司令官的回信和食粮，放在包裹里，往肩上一扛，再取过一支短枪，独自一个人前进了。稍后，基士德也赶了来。到了晚上，两个人就燃起火来，在火边露宿。

有一天，他们到达一个叫作“杀人镇”的印第安部落时，那些印第安人好像早就知道华盛顿会来，等在那里，并很热心地招待他们。

这情形真使华盛顿莫名其妙。而且，过来跟他们交谈的那个人的面貌，好像曾经在约翰凯尔上尉那边看到过似的，所以，华盛顿就觉得非特别小心不可。

“你怎样走来的？几时从贝南口出发的？”那个印第安人一直追问他们的行程。

“路不好走，所以走得相当慢。”

“马怎样了？大约什么时候可以赶到这里？”

“这，恐怕还得等几天。”因为那个人不断地寻根问底，华盛顿更觉得那人形迹可疑，所以回答时也特别小心。

不过，一个从部落里雇来带路的印第安人，倒没有说什么，他挑起华盛顿的行李，不声不响地就踏上那泥泞的道路赶路。

在紧张中赶了10多公里路，尽管是身体很结实的华盛顿，也已经累透了。同时，他的脚又受了一点伤，所以就找了个地方燃起火来，打算架起帐篷来过夜。

那带路的印第安人，一看见他们要在这地方过夜，很惊异地说：“这里不能过夜。住在附近树林里的印第安人，都是亲近法国人的，在这里燃起火来，立刻就有被他们偷袭的危险！倘使实在累透了的话，就把枪给我，让我替你扛着，我们总得再赶一点路才行。”

在这充满杀机的蛮荒地区，枪支就是白人最有利的防卫武器，机警的华盛顿岂肯将它轻易交给这位陌生的印第安人呢?

三人继续赶路。往前又走了不远，那个带路的印第安人，突然停住脚步，侧着耳朵倾听。原来从北方传过来一阵枪声。

华盛顿心里不禁害怕起来，怕有埋伏着的印第安人，从横里杀出来。印第安人最喜欢的战利品，就是白种人的头皮。

那带路的印第安人依然一声不响，继续地赶路。走了一程，他们走到树林里的一片空地边。一路在浓荫蔽日的树林中赶路，到了这里，由于地面上积雪的反射，显得特别明亮。再仔细看时，这里原来是一个牧场。

突然，走在前面50米的印第安人，回过身来，拿出藏在身上的枪支，砰的一声，打了一枪！华盛顿立刻扑到雪地上躺下来，还好，没有受伤。

“喂！基士德，没有事吧！”

同样趴在雪地上的基士德回答：“没有事。”

仔细看时，只见那个印第安人，急忙跑到一棵大树背后躲了起来，看那情形似乎是在装子弹。

华盛顿和基士德两个一起冲了过去，把那印第安人抓住。

“这家伙，干掉他算了！”基士德恨不得马上打死那印第安人。

可是，心地善良的华盛顿使个眼色阻止他说："喂！你把子弹装好。"

印第安人把子弹装好以后，华盛顿就把枪拿了过来，叫那印第安人走在前面。

当他们走到一条小河边时，他们就叫那印第安人燃起火来。华盛顿心里老在想，除非真的把这印第安人杀掉，否则，总得想个法子，使这个存心险诈的印第安人，改变主意才好。

"你是不是因为迷了路，才开了一枪，作为问路的信号啊？"

华盛顿这样一问，那印第安人就阴阳怪气地笑了起来，一面回答说："是的。"

"既然不认识路，那你就先回去好了。我们实在累得走不动了，所以，今晚就要在这里过夜。等明天早晨，我们就沿着你的脚印，到你家里去找你。不过，你得准备一点肉，请我们吃一顿。"说着，华盛顿还分了一点面包给那印第安人。

他非常高兴，就拿着面包飞也似的跑回去了。

基士德很小心地跟在那印第安人的后面，并伸着耳朵仔细地听，直到听不见印第安人的脚步声才回来。

于是，他们两个又继续前进，大约走了一公里路以后，停下来生火煮东西。吃饱后，他们拿出指南针辨明方向后，继续前进。

原来他们是怕那印第安人赶回来，所以，无论如何也要勉强地前进，好拉长彼此间的距离，以策安全。他们拖着两条累透了的腿，整整赶了一天一夜的路，总算到达亚莱格尼河边。

华盛顿低着头，望着水面，说："糟糕！基士德。"据他的猜想，河面一定已经结冰。可是赶到这里一看，只见那夹着冰块的河水滚滚地流着。

他们两个只好就在河边度过一夜。怎样才能够渡过河去呢？看看眼前的情形，除了制造木筏以外，再没有别的方法好想。可是，他们手里，除了一把斧头以外，再没有别的工具了。

"管他！既然是没有别的方法，也没工具，就得动手，干吧！"

等天亮以后，两个人马上用那小斧头开始工作。整整忙了一天，才算把那木筏勉强造好，可是，天快黑了。

他们两个把木筏拖下水后，就都踏了上去。他们手里拿着竹竿，打算划到对岸去。不幸得很，他们还没有划过河面的一半，那只木筏就被冰块给挤在那里，丝毫也动弹不得！

危险就在眼前了！华盛顿急忙把竹竿插进河底去，好暂时把木筏支撑住，等冰块流过去以后再说。他使出全身的力量，紧紧地按住那根竹竿。

可是，河流是那样湍急，水力是那样凶猛，哪里是华盛顿一个人的力量所挡得了的！

华盛顿的整个身体，被那根弯得像弓一样的竹竿子，给弹了出去！他就一个跟头，扑通一声，跌进冰冷的水里去了！

“不行！基士德，赶紧游水，游过河去吧！”华盛顿在水里嚷着。

▲北美印第安人

结果，两个人都游到河中心的一个小岛上了。

两人幸而没被淹死，所以就在这小岛上过了一夜。不过，在这寒冷刺骨的深夜里，基士德的手脚全给冻得麻木了。

到了岛上，对于印第安人的追击，倒可以完全放心了。可是，另一个问题又来了，他们可有什么方法，离开这个小岛呢？

第二天清早，站在小岛上的基士德，突然高兴地叫喊起来。

原来这一边的河面上，全被厚厚的流冰挤塞住了，基士德发现冰块与冰块的中间，几乎看不出有什么空隙存在。

他们两个人忘掉疲劳，立刻踏着这些冰块渡过河去，终于安全地到达了对岸。

劳伦斯在这年6月16日突然回到家，病情有增无减，使他预感到死神已经降临。他匆匆立下遗嘱，明白无误地表述：

如果女儿今后没有子嗣，弗农山庄及其他大宗财产，由我的弟弟华盛顿继承。

由此可以看出，劳伦斯对弟弟情谊之深重。

一个多月之后，劳伦斯病故在弗农山庄，终年34岁。

没多久，劳伦斯的妻子和遗孤也去世了。两年之后，华盛顿继承了兄长的产业。华盛顿成了弗农山庄的合法继承人，也继承了俄亥俄公司的股东和民团少校副官职务。

恰好这时候弗吉尼亚行政当局决定扩大民团，把弗吉尼亚划分成四个地区，每区都设民团副官一员。

华盛顿抓住机会，给新任总督丁威迪写信，大胆毛遂自荐，表示希望得到北峡地区民团副官的职务。

华盛顿的申请被顺利地批准了，他被正式任命为弗吉尼亚北峡民团少校副官。1753年2月正式宣誓就职。这位21岁的堂堂民团少校副官，年薪100英镑。他利用正当收入，又在肥沃的谢南道亚谷地购进了2000亩良田。加上前几年测量土地所得和继承的遗产，他拥有土地的总数已经达到了四千多亩。

这时华盛顿已不满足当一个地主，他还要到军队去获取功名。

# 铁血英雄的儿女情

华盛顿在战场上是个叱咤风云、顶天立地的威武将军，他在感情生活方面却是多愁善感，儿女情长。爱美之心人皆有之，他又怎能例外呢？

由于早熟和精力充沛，华盛顿从少年时代起，就对异性的美极为敏感，特别是他对漂亮女孩极为欣赏，动辄就会坠入情网。16岁那年他害够了单相思，此后若干年丘比特不作美，对他似乎过于残酷。

1752年，华盛顿20岁，他爱上了一位16岁的姑娘。这位姑娘的家境殷实，她的父亲社会地位也较高，曾担任弗吉尼亚州里士满的法官兼议员。姑娘芳名叫贝齐·方特勒罗伊，她风姿绰约，楚楚动人，直弄得华盛顿神魂颠倒，意乱情迷。

经过几番交往后，华盛顿便认定姑娘有意，就鼓足勇气开了金口，接连三次向她求婚。可是华盛顿仍然没有博得姑娘的欢心，她觉得华盛顿缺乏幽默感，并认定此人今后不会有大出息，一口回绝了华盛顿的求婚。这给华盛顿的自尊心以沉重的打击。

1756年初，24岁的华盛顿正领兵守卫西部边疆。在一次赴波士顿处理军务的途中，他路经纽约时，邂逅老同学弗利·鲁宾逊的小姨妹、26岁的玛丽·菲利普斯。她身材窈窕、容颜清秀。交谈之后，他得知玛丽是纽约著名大庄园主阿道弗斯·菲利普斯的侄女儿和继承人。

玛丽有较高的文化素养，并拥有2万多公顷的良田。华盛顿很快被她吸引了，并专程去她家逗留了一个星期，两人谈得十分投机，颇有相见恨晚之慨。只是迫于军务告急，事情尚未得出结果就匆匆奔赴前线了。

长达几个月音信杳然，等到华盛顿再来拜访时，已有当地富绅罗杰·莫里斯乘虚而入了，玛丽嫁给了莫里斯，不过，玛丽和华盛顿之间的友谊还是维持了一段时间。直到独立战争，莫里斯成了铁杆亲英派，两个家庭才分道扬镳。

稍后则是华盛顿与萨拉·卡里·萨莉小姐的恋情。她的父亲是正规军的上校军官，家境富裕，她本人也受过良好教育。这位名门闺秀不但妩媚动人、气质高雅，而且聪慧过人，谈吐不凡。两人一见钟情，相互产生了特殊好感，演绎出了一段缠绵悱恻的爱情故事。

还是因为西部边疆山高水远，两地鸿雁难传，在征人生死未

卜的情况下，长离久别之后的萨拉小姐嫁给了乔治·威廉·费尔法克斯，此后她成为了勋爵家族的一员，是华盛顿的好友兼邻居。

萨拉小姐婚后与华盛顿仍有通讯联系，还偶尔幽会，真是此恨绵绵无尽期。这段浪漫色彩浓郁的恋情，一段时期曾招致社会的非议，说华盛顿迷恋邻居家18岁的新娘。后来不少史学家也很感兴趣，但考证结果，他们之间的交往从未超出过调情的范围。

当时的华盛顿也清楚，这种爱情有悖于社会伦理道德，是井中之月和镜中之花，毫无希望的。后来在独立战争中，费尔法克斯夫妇站在坚决亲英的立场，强烈反对华盛顿所领导的独立运动，双双离开北美，迁往英国本土定居了。

青年时代的华盛顿，相貌堂堂，身高1.88米，声名显赫，家产不菲，条件是很不错的，要找个如意妻室并非难事。但他总是连续情场失意，难道是姻缘未到？

华盛顿在饱尝人生挫折之后，他做了冷静分析。主观上是他在女性面前性格太内向，不善于用言辞表现自己。客观上则是他军务繁忙，长年奔波在野兽比人还多的西部荒原，极少有接触异性的机会，也无暇谈情说爱。

在当时，北美人口性别比例严重失调，女性少于男性，而相貌秀丽、家境殷实的上流名媛淑女，更是凤毛麟角了。华盛顿经过一番自我反思，他似有所省悟：恋爱婚姻也得采取军事行动，一旦选准目标，就要迅速出击。

果不其然，战术对头，便立杆见影了。1759年2月，华盛顿喜结良缘，婚礼场面隆重而盛大。新郎身穿缀有红色镶边和金质带扣的蓝、银双色礼服。

牧师彼得·莫索姆宣布两人结为夫妇。这年他26岁，对象名叫玛莎·丹德里琪·卡斯蒂斯，27岁，是位带着两个孩子的寡妇。本来欧美民族对寡妇再嫁并无成见，女方年龄稍大也不甚介意，但这桩婚事总有些引人悬念。

▲端庄漂亮的玛莎

他们之间从恋爱到结合的缘由，一些好事之徒和政敌们曾作过想当然的诠释，认为华盛顿是着眼于玛莎的财产。这简直是以小人之心度君子之腹，华盛顿岂是目光短浅贪图小利的庸人？

不过后来事实表明，完全可以看出华盛顿是慧眼识佳人，他选中了一位无愧于美国第一夫人尊号的伟大女性。

玛莎出生于1731年，住在威廉斯堡附近的一个大庄园里。她的父亲约翰·丹德里琪先生是一位著名的乡绅，知书达理，博学多闻。

玛莎面貌可爱但身材矮小，身高只有1.56米。她有一双水灵灵的褐色大眼睛，能写会算，为人踏实，生活常识丰富，善于治家理财，颇具大家闺秀的风范。

18岁时，玛莎嫁给了富裕的丹尼尔·巴克·卡斯蒂斯，婚后生育了4个子女，两个孩子幼小便夭折，只活了一儿一女。更不幸的是1757年，共同生活才7年的丈夫因病早逝了。这一连串打击，使得年轻的玛莎经受了过多的痛苦悲伤。

于是，玛莎成了著名的最富有的寡妇，拥有良田1.7万亩和300名奴隶。居住的宅院很宽大，楼房建造得比较宏伟，当地人叫做白屋。

说来也是缘分。1758年5月，华盛顿正在为保卫弗吉尼亚西部边疆而日夜奔波，一次赴威廉斯堡办理公务的途中，他路经庄园主张伯伦先生的家，巧遇了玛莎。

按照张伯伦家的传统习惯，凡乘渡船在他庄园登岸的旅客，不论是好友或是陌生过客，都会受到款待。这天从渡船下来两位乘客，都是男的，一高一矮，高的那位一身蓝色军装，紧闭嘴唇，蓝灰的眼睛目光锐利，较矮的看来是他的随从。

玛莎清楚地听到主人介绍：“这位先生就是乔治·华盛顿上

校，她是丹尼尔·卡斯蒂斯夫人。”她略行了曲膝礼，上校也深深鞠了一躬，轻轻吻了她的手。

作为一个孀居的成年女子，玛莎是不会盲目崇拜公众心目中的英雄的，何况她第一眼就发现了他脸上有几颗显眼的麻子。当围坐餐桌共进午饭的时候，她以为这位高个儿英雄会高谈阔论自我吹嘘一番。

她想错了，席间尽是主人在讲述华盛顿的事迹：他如何重新集合溃散的部队；他的坐骑如何一匹又一匹中弹倒地；帽子如何被子弹洞穿，他又如何从枪林弹雨下死里逃生。

最后，主人又问华盛顿：“听人说，一个印第安老酋长曾作过预言，您大难不死，日后贵不可言，将会荣升为一国之首领。有这事吗？”

华盛顿脸红了，嘴闭得更紧，他只吐出了几个字：“无稽之谈。”

玛莎想，看来他不喜奉承，也不爱吹嘘，在荣誉面前甚至有些害羞。玛莎再端详他的面孔，自己也奇怪，凭什么认定他不漂亮呢？这样的脸显示出力量和尊严，麻子点正好说明他有过痛苦的遭遇，紧闭的嘴唇也许是忧虑和多思的结果。

在午餐后，别的客人相继告辞离去，唯有行色匆忙的年轻上校却毫无要走的表示。

张伯伦夫妇会意地交换了眼色，借口必须马上处理别的事情走开了，把玛莎和上校留在了客厅里。

在沉默片刻后，玛莎低头编织着家里带来的毛线，脑子里却拼命寻找话题。倒是华盛顿咳嗽了一声，以关切的口吻先开了言：“听说你的丈夫去世了，我深感难过。说不定我在威廉斯堡曾见过他，至少他的家族我是知道的。听说他为人高尚，我希望他离开人世时没遭受太多的痛苦。”

玛莎回答道：“病程不长。他性格坚强，能忍受一切，正像你现在以坚韧的毅力抑制住痛苦一样。”

“你怎么看出来的呢？”华盛顿惊异了。她的善解人意打破了他的内向性格，有如他乡遇知己。他下意识地把椅子拉近些，

▲盛顿和他的妻子玛莎

毫无顾虑地向她敞开了心扉。

实际情况正如她说的那样，近几个月来，华盛顿受着疾病的折磨，疲乏无力，发烧冒汗，没有食欲，睡眠也不好。华盛顿最担心染上肺痨病，他的哥哥劳伦斯就是死于该病的。所以，他不得不在戎马倥偬当中临时请假到威廉斯堡去，一是会见总督丁威迪处理一点公务，同时也是去看医生。

如果真是可怕的肺痨病，华盛顿只好辞去军职了，只好回老家弗农山庄休养。

接着，华盛顿讲述了他的家庭、他的弗农庄园，还有在西印度群岛染上天花等，就是不爱谈他的赫赫战功。

玛莎十分震动，几年来她亲眼经历了生、老、病、死，觉得人的生命在病魔面前竟是那么的脆弱无力。她眼睁睁看着心爱的两个儿女和年轻的丈夫被病魔夺去了生命，她短短的经历充满了许多不幸。

但是，她尽量克制，用轻松的口气宽慰道："人是容易庸人自扰的。你只不过是太疲劳了，请威廉斯堡的名医治治，你就会康复的。"

为了解除华盛顿的尴尬和忧虑，玛莎灵机一动，转换了话题，她说："你的庄园在波托马克河边，我在帕门基河沿岸也有地产，请你在管理产业方面给我出些主意吧！"

话匣子打开了，有了共同语言就一发不可收拾了。知趣的主

人说天色已晚，便热情挽留华盛顿明日再走。晚餐后，他们坐在客厅里，靠近暖融融的壁炉，于是便有了深入长谈的良机。玛莎发现，华盛顿也许更适合当个精明的农庄主人。

仆人带着玛莎的两个孩子来道晚安，客厅顿时活跃起来。小女儿帕特西在母亲指点下向华盛顿行了曲膝礼。男孩杰克却羡慕地叫道："叔叔，你好高的个儿哟！"

华盛顿笑着说："是的，但不过我可以让你高出我一头。"

说完，华盛顿把杰克顶在肩上，绕室走了两圈。大人孩子都发出一阵阵的欢笑。玛莎心想，别看他五大三粗的，他会笑，并且喜欢我的孩子呢!

两个礼拜之后，在一个风和日丽、春意盎然的上午，华盛顿从威廉斯堡转道来直接造访白屋。

一见面，他就用巨掌握住玛莎的小手，深深在施礼说："卡斯蒂斯夫人，能再见到你真高兴。上次你说得对，医生的诊断和你的看法一样，我是患疟疾病后太劳累了，幸喜不是肺痨病。"

果然，如今华盛顿步履轻快，昂首挺胸，神采奕奕，充满了自信。下午，他临到即将离开之时，终于吞吞吐吐表明了来此的目的，那就是他现年26岁，尚未娶妻，希望获得玛莎的爱。

卡斯蒂斯夫人丧偶孀居，年轻漂亮，其魅力是男人们无法抵挡的。在初次见面时华盛顿便被她俘虏了，因此正式向她求婚了。

不过，他并不要求玛莎马上表态答复，因为此番西征迪凯纳堡还吉凶难料，如能胜利归来，希望能听到她肯定的回答。

三个月后，华盛顿在百忙之中再次造访白屋，他得到了玛莎众所周知的答复："同意"。

他们海誓山盟订下了终身，相约一旦攻克迪凯纳堡，边疆危机解除后，便回来共结百年之好。然后，他们才依依不舍地分别了，华盛顿又奔向了战场。

# 第二章 自愿入伍

自己不能胜任的事情，切莫轻易答应别人，一旦答应了别人，就必须实践自己的诺言。

——乔治·华盛顿

# 请缨出使俄亥俄

在17至18世纪之际，英、法两个老牌帝国之间，为了争夺世界霸权和瓜分殖民地，展开了全球性的政治、外交、军事斗争。北美新大陆成了双方剑拔弩张争夺的焦点，在这块尚待开发的新大陆上，它们力图多占土地，扩大势力范围。

下一步争夺的目标，双方都虎视眈眈盯住北美洲俄亥俄河流域。英、法双方几乎同时向世界宣称，自己的政府拥有这一地区的全部主权。为此，它们挖空心思制造出种种“根据”，证明自己是北美洲的主人。

法国人的依据是所谓“发现权原则”。他们声明，早在17世纪60年代，两位法国臣民曾乘小船沿密西西比河顺流而下，最早到达过阿肯色。按照国际法的这项原则，不但这条河流及两岸的土地应归法国所有，而且其支流所经之处，理所当然归属法国。俄亥俄河即是密西西比河的支流之一。依照这种理论推而广之，

大半个新大陆都将尽入法国人手中。

英国人则针锋相对，理直气壮地搬出了一大堆法律条文和文书契约为证。根据传说，这个地区原先属于印第安人的易洛魁部族。英国人在1741年专门派了3位专员与易洛魁族人订立了一个正式条约，因而合法地继承了这个地区的全部所有权。

但据知情人士透露，英国人只是与个别部落的酋长接触，在用烧酒把这些嗜酒的酋长灌得酩酊大醉的情况下，诱使其按了手印，付给了区区400英镑的“转让费”。而这几个贪杯爱财的酋长，当时根本没有占有这片广大的土地，他们自己连一亩土地也没有，更别说转让了。

英、法双方冠冕堂皇的所谓“根据”，显然是强词夺理，是十足的殖民主义逻辑。另一位德高望重的特拉华部族的酋长茫然仰天长叹：“法国人说俄亥俄河一边的土地是他们的。英国人说俄亥俄河另一边的土地是他们的。那么，我们世代居住在这里的印第安人的土地在哪里呢？”

实际上，当时在阿勒格尼山以西，俄亥俄河流域这一广袤地区，根本就没有一个白人移民区，居民都是印第安人部族。

法兰西人历来信奉“先下手为强”的原则。当时加拿大是法国的殖民地，1748年，法国的加拿大总督派遣谍报人员到俄亥俄河谷活动，向印第安部落重申了法国对该地区的主权，并对当地人施以小恩小惠，乘机挑拨离间，说英国人要来抢劫烧杀，法国人才是当地土著最忠实的朋友。

对那些持亲英立场的部落，法国人实行野蛮的驱赶和屠杀。法国殖民当局的剿抚兼施和恩威并用，迫使不少印第安部落站到法国一边。连一些比较亲英的部落，在其政治攻势下也同英国人疏远了。

这就不难理解，为什么英国政府要鼓励俄亥俄公司向西发展，给予免税十年的特殊优惠政策。为什么弗吉尼亚英国新任总督丁威迪要扩大4个军区，增补乔治·华盛顿为北峡民团的少校副官。

英国新任总督丁威迪仿照法国人的做法，也派出3名使者，带着贵重礼品去洛格斯顿与印第安部落联络感情。宾夕法尼亚和其他州的英国殖民当局也都相应采取了措施，加强军事防务，注意改善和印第安人的关系。

1753年春，1500名法军在伊利湖南岸登陆，派遣了许多部队向前推进，强占了若干战略要地，在俄亥俄河上游修筑工事、建立基地、设置哨所。

眼看俄亥俄河两岸大片土地将要落入法国人之手，英国人岂肯坐以待毙！英属各殖民地纷纷加强了战争准备工作，弗吉尼亚的城乡也变成了大兵营。

身为总督的丁威迪先生，也是俄亥俄公司的股东，职责在肩和利害所系，理所当然对局势的演变严重关切。他经过深思熟

虑，决定在加强战备的同时，必须派遣一名特使，直接去见法国军方长官。

特使的任务有三：第一个任务是公开向法军方面递交一份正式书面抗议，警告法方不要轻举妄动，军事冒险将会造成严重后果；第二个任务是笼络俄亥俄地区的印第安部落，阻止它们倒向法国人；第三个任务是沿途观察作战地形和刺探法军的兵力部署，特别是摸清后续支援部队的动向。

这是一次重大而艰难的使命，事关和与战的大局，何况沿途丛山峻岭、毒虫猛兽、风暴冰雪，自然环境极其险恶。加之印第安人朝秦暮楚，态度反复不定，稍有不慎就有生命之危。

因此特使的人选一职，令英国总督丁威迪伤透脑筋，一筹莫展。前些时侯曾派人去过法军司令部，可是使者慑于法军的威势，还没到达目的地便知难而退了。

此时，升任少校民团副官的华盛顿，虽是春风得意，却很有自知之明。副官的职责是组织、训练民兵，但毕竟没接受过正规军事训练，更没有参加过实战。因此他把土地测量和庄园事务暂时搁置一边，集中全部精力和时间，努力学习军事知识，研究作战技术。

华盛顿从好友费尔法克斯上校那里借来一批军事理论书籍，日夜刻苦攻读。同时他还专门聘请了两位军事教员，虚心向他们请教。一位教员名叫穆斯，主要指教战术、战法和各种枪械的性能，以及战场队形的变化。另一位名叫雅各布·范布拉姆，作战勇敢过人，精通剑术与格斗，华盛顿向他学击剑和实战经验。

华盛顿还从民团人员中挑选部分骨干前来接受培训。一时间他便把弗农山庄变成了临时军事学校，除了积极练兵备战，他每天必读当地报纸，时刻注视事态的发展。关键时刻，又是好友费尔法克斯上校起了穿针引线的作用，他把总督特使难寻的情况告诉了华盛顿。

这又是极其重要的一次机遇，华盛顿立即做出决定：亲自到弗吉尼亚首府威廉斯堡去，面见总督丁威迪先生。确切地说，他不算“毛遂自荐”，而是“主动请缨”，是自讨苦吃、甘冒风险。这就是华盛顿的性格！

总督丁威迪先生在两天之前，就得到费尔法克斯上校推荐华盛顿的信件，细读之后不由喜出望外，觉得终于找到了能够担当特使的最佳人选。

现在华盛顿赶来主动请缨，两人一夕长谈之后，丁威迪当即决定，授权华盛顿少校，担当出使法军司令部的重任。

这时英兵已经逃走，印第安人就更加大胆了，各地的村落都遭到他们的袭击。事到如今，有谁能肩负起防守这个危殆的边疆大任呢？大家的视线，全部集中在华盛顿身上了。可是，他在战场上感染的那场热病，还没有痊愈，脸色还是那样苍白。

“你又马上想到山地里去吗？这简直是胡闹！乔治，你还在

生病呢！你为什么这样急于追求功名？荣誉，那就像你头上的头发一样，是慢慢地长成的。目前，你当务之急是休养。”妻子对她心爱丈夫日见显著的声誉，当然是非常高兴和非常自豪的，但是，她更关心华盛顿的健康。

“夫人，现在山脉对面的殖民地，全部处在危险状态中。我们的国土，如果不去守护住的话，怎么行呢？”

这样，华盛顿接受了总督丁威迪先生的召唤，决心重新站起来奋斗。他的母亲听到了这个消息，非常不安，立刻写信来阻止他，无论如何要他打消出马的念头。他也马上写了这样一封回信：

妈妈：如果我能避免前往俄亥俄的话，我一定照您老人家的吩咐去做，可是，如果国家要求我担任这个职务的话，我绝对不能拒绝！

华盛顿雇佣了向导、翻译、医生和顾问等随行助手共6位。物资也作了充分准备，带了赠送印第安人的礼品，购置了马匹、帐篷、食物、医药和日用品。

准备停当，一行7人于1753年11月15日从威廉斯堡起程，向法军驻地伊利湖进发，其间距离不少于1600千米。那时的北美交通十分闭塞，尚无舟车之利，唯有马匹代步。

时值初冬季节，天空下起了雨夹雪。河流开始冰冻，沿途的艰苦危险可想而知。他们一路马不停蹄，在经过弗雷特烈克斯堡时，翻越兰岭，穿过了海拔1700米的“大草原”，走出了暗藏危机的沼泽地带，几乎每前进一步都要付出很大代价。

在途经达阿勒民尼河时，华盛顿从军事角度观察这一带，意识到此地极为险要。他经仔细观察，发现两河交汇处是法军南下的必经之路，也是英军筑堡固守的最佳地点。他把这些资料牢记在心，后来专门写了书面报告，并派兵筑堡守卫。

在途中，华盛顿得到一个重要信息，那就是有一个称亚王的印第安部落首领，目前对英国持友好态度，并提供了一些有关法国军队的情报。

在英国属地，长期以来白人和印第安人之间存在矛盾。法国人插进来挑拨离间，印第安部落反水倒戈是意料中事。因为无论英国人或者法国人，从来都没有给印第安人带来福音。华盛顿想争取亚王，共同对付法国人。

于是华盛顿带上珠贝和烟草作为礼物去拜会亚王。亚王约莫50岁开外，魁梧健壮，勇猛过人，讲究信义，富有强烈的民族主义精神。看来他比较了解白人社会，包括白人作战的方式。他在各印第安部落中享有很高的威望，被公认是“王中之王”。

华盛顿向亚王说明来意，并建议共同对付法国人。亚王采取了主动的友好合作态度，用野味热情款待了客人。当晚亚王就告

诉华盛顿，法国兵杀害了他的父亲，并将其尸体烹而食之。因此，他与法国人有不共戴天之仇，势不两立。接着亚王又介绍他所知道的有关法军活动的详细情报。还怕翻译有误，亚王特地画图示意。

华盛顿喜出望外，希望能派几名重要头领作为代表，一起到法军据点维纳吉去。亚王应允了他的一切要求。这次外交活动是成功的，产生了很大效果。亚王答应说服其他部落一起行动，断绝与法国的关系。他安排三个部落各派3名代表与华盛顿同行，又回赠一些食物和马匹，供下一段旅途之用。

又一轮寒潮侵来，雨雪交加，一路崎岖泥泞。华盛顿幸亏有印第安人作向导，避开了许多危险，至12月4日，才抵达维纳吉。在暮霭中，他最先看见了屋顶上飘着一面法国国旗。

华盛顿一行走进法军指挥所，迎面碰上三名法国军官。说明来意后，法国人按礼节给予款待，答应派人护送他们去柏夫堡法军司令部。

尽管法国人在两个堡垒之间修筑了大路，因为数九严寒，雨雪肆虐，又要经过多处泥潭和沼泽，这段路程整整走了5天，才到达柏夫堡的河对岸。

负责护送的法国士兵过河去联系后，三个法军军官驾着小船划过河来，殷勤地邀请弗吉尼亚的英国总督使者进入堡内。但是接待人员说，柏夫堡的最高指挥官外出未回，下面的人不可能做出负责的答复，请使者住下来等待。

这正是华盛顿求之不得的好事。他趁此机会不动声色地到处走走看看，三天工夫已把柏夫堡的里里外外基本侦察了个八九不离十，法军的虚实已了然于心中。

三天后，法军驻柏夫堡司令官正式会见华盛顿。那场面百分之百公事公办，司令官看完华盛顿呈上的公文后，保持立正姿势像背诵书本似地阐述了法国的立场：

> 法国拥有俄亥俄地区的绝对主权，任何非法进入这一地区的外国人，都将受到严惩！

华盛顿也如法炮制，向对方阐明英国当局的立场。双方没有争吵，没有激动，那是两国政府间的事，不涉及私人恩怨。面对面的双方都只是代言人，奉命办事而已，谁也没有决策权力。

接下来华盛顿以非常尊敬的口气，要求司令官给予回函，对方照办。在复信中所用词语显得客气而有礼貌，并委婉地表示，一定把来信呈送他的上峰，由上级来阐明法国人拥有该地区主权的确凿证据更合适一些。

公事办完，气氛变得轻松而友好。最后举杯，握手告别。华盛顿肩负的三项任务圆满完成，心情愉快地带领着随行人员踏上了归途。

可是返回时的气候和道路比来时更加恶劣艰难，沿途的经历给华盛顿留下了毕生难忘的印象。仅从柏夫堡转回维纳吉，就走了16天时间。他们代步的马匹，终因经受不了寒冷和劳累而“日益虚弱”，简直不能再使用了。

最后，大家只得背着行囊背包，像印第安人那样，在没膝的雪地里蹒跚迈步，徒步行走了数百公里。1754年元旦，华盛顿一行翻越兰岭。1月16日赶回威廉斯堡复命，把法方的回函面交丁威迪总督。至此，为时两个半月的俄亥俄之行结束。

# 领中校衔出征告捷

华盛顿带回来的情报，使总督丁威迪及其助手们惊恐不安。他们意识到英法两国之间已无妥协的余地，难免一战。于是决定采纳华盛顿提出的建议：立刻派遣一支部队，抢先在阿勒格尼河与莫诺格赫拉河交汇岔口处，修筑军事堡垒；和当地印第安部落结成反法同盟；着手建立一支400人的民团武装力量。

对于华盛顿来说，这又是一次机遇。他审时度势，再一次毛遂自荐，并暗中通过各种关系游说活动。几天之后人事安排揭晓，一位名叫乔舒亚·弗赖伊的军官被任命为上校总指挥；华盛顿任其副职，领中校衔。

华盛顿立即走马上任，在亚历山德里亚设立总部，着手招募新兵，可是募兵进行得很不顺利。恰好前方又有消息传来，查明一支装备精良的法国军队正向有争议的地区开进。丁威迪总督只好忍痛答应所请。

为了提高参战人员的积极性，华盛顿决定把俄亥俄边远地区的20万亩土地分配给所有参军的志愿人员。

华盛顿还免除15年的租税，每天发给全体官兵15磅烟草作为津贴。重赏之下，必有勇夫。何况那20万亩土地奖赏，只有赶走法国军队后，才可能兑现。于是许多农家子弟纷纷前来报名入伍，华盛顿的队伍逐渐兴旺起来。

千军易得，一将难求。华盛顿只好采取应急措施，从已有人员当中选拔指挥人才。现在法国人大兵压境，总督命令他率领已招募到的兵员，立即开赴俄亥俄前方迎击法军，在第一线全权处理军事。弗赖伊上校则在后方组织第二梯队，随后带领炮兵和辎重跟进。

这样安排体现了总督对华盛顿的重用，让他带兵独立行事，已不是副手的地位。这在某种程度上弥补了物质待遇上的差距，

▲华盛顿在威克弗尔德庄园

使华盛顿心理得到了些许平衡。一种渴望建功立业的豪情壮志，驱动他甘冒风险，毅然踏上成败难料的茫茫征途。

1754年4月1日，华盛顿率领所部从亚历山德里亚出发了。这支队伍总共120人，未受过严格的训练调教。物资弹药装载在两辆四轮马车上，这就是他拥有的全部家当。

但华盛顿的自我感觉良好，当上了一支军队的实际最高指挥官，颇有“春风得意马蹄疾”的气概。

尽管华盛顿还没有亲身经受实战的洗礼，但他读兵书得知，胜败的关键在于时间和速度。他必须抢在法军之前到达岔口地区，去迟了就陷于被动。丢掉岔口就可能丢掉俄亥俄。因此，华盛顿催动全军，日夜兼程，和法军展开了时间和速度的竞赛。

第十天，部队到达温彻斯特。华盛顿命令小驻休整，在该地继续招募士兵，并征集马匹车辆。因为有了马车才可能提高速度。募兵倒是比较顺利，增加了30余名志愿吃粮的壮汉；但征集马车却遇到了极大的困难。

农民们对英法之间的战争本不甚关心，不愿意拿自己的财产去冒险。见说服宣传无效，华盛顿不得不采取强制措施。他援引弗吉尼亚民兵法令，向农户强征马车。给被征马车的主人颁发一纸证书，凭此证可到当地政府领取一笔征用费。

即使如此，征集到的马车也只有10辆，还不到预订计划的六分之一，而且都是老马破车，难负重任。

华盛顿不能再等，命令部队继续前进。一路上不顾艰险崎岖，赶着老马拖着破车跋山涉水。任他百般催促，速度就是快不起来。遇到陡坡险路，士兵们只好人力代替马力，帮着推车扛炮。就这样紧追慢赶，4月22日行至中途还是传来消息：法军已抢先占领了岔口的堡垒，威廉·特鲁特上尉带领的小分队不战而降！

其实岔口失守，事出必然。弗吉尼亚议会与总督矛盾重重，英属北美殖民地军事体制弊病太多，军队素质十分低下，后勤保障漫无头绪，民众不积极配合支持等。还有，就是作为指挥官的华盛顿缺乏实战经验，对存在的问题了解不够。

是继续前进，或是向后撤退？先遣部队既已覆灭，后援部队迟迟未到，真是进退维谷，险象环生。

岔口丢失，已无险可守。法国当时是世界军事强国，军队训练有素，装备精良，在数量和质量方面都占压倒优势。进则战必败绩；退则新兵们将不战自溃，还将牵动那些犹豫观望的印第安人倒向法国人！

经过缜密思考，他决定继续前进，而且不能显露出半点动摇犹豫，这样才能稳定军心。他鼓励士兵勇往直前，赶到红石溪俄亥俄公司的货栈。在那里重新修筑工事，防止法军乘胜东进，进而要从法国人手中收复失地，夺回岔口堡垒。

与此同时，他也采取了相应的紧急措施：

第一，集中力量拓宽通往红石溪的道路，以便后续炮兵部队赶到增援。

第二，沿途联络印第安部落，巩固已有的联盟。他派代表转告亚王：弗吉尼亚民团的中校指挥官，正率领强大的军队胜利前进；另有配备足够的大炮、弹药和粮草的部队，将随后开到。只要印第安人和英国人联合行动，一定能打败法国佬，保住自己的身家财产。

第三，他派出信使，骑快马给丁威迪总督送信，要求立即派出增援部队。他又分别给宾夕法尼亚总督、马里兰总督、北卡罗来纳总督写信，痛陈当前形势的危险，指明英属各殖民地的利害一致、唇亡齿寒，为了共同的利益，务必给予兄弟般的支援。

华盛顿很懂得在危难时刻与部下同甘共苦的必要性。他放下指挥官的架子，冒着连绵淫雨，和士兵一起开山修路，一起踩着泥泞急速行军。

他的行动激励着全队官兵去克服千难万险。他的措施不久就取得了效果。信使带来回信：弗赖伊上校带领100人已到达温彻斯特。

马里兰答应派200人的部队前来助战。北卡罗来纳支援的350人正在途中。新英格兰又以600人的兵力，从北路袭扰法军后方，可牵制敌军的行动。

宾夕法尼亚议会承诺拨专款一万英镑资助前线。5月17日，

丁威迪总督派人送来一个好消息，称有四个独立连分别经由陆路和水路赶来增援。

所谓“独立连”，就是英国正规军，我们曾把它比喻为“中央军”。它的军官直接由英王任命，不受地方政府的管辖指挥，也不隶属任何团、营建制，完全以连队为单位活动。其官兵待遇大大高出殖民地民团，一副高高在上的优越姿态，打起仗来也不可能密切配合。他们的到来，是喜是忧？是福是祸？不过等级地位的强烈反差，已经在民团军官和士兵中间播下了不和的种子。

1754年5月24日，行军到达被称为“大草原”的地方，亚王派印第安人又送来消息，入侵法军的总兵力约800人。分作两路，其中一股400人左右，以分散小部队的方式，正向华盛顿所部搜索靠近，企图一举消灭英军。

这是上次华盛顿出使俄亥俄时，与亚王订立盟约的成果，当地印第安人都主动帮助英军。法国人虽侦骑四出，却暂时还没有查明英军的准确位置。

华盛顿基本掌握了敌情，马上作出决断：虽然敌强我弱、敌众我寡，但出其不意，突然袭击，吃掉其中一小部分，是有可能的。他亲自与亚王商议了作战方案，要求印第安部落配合行动。

当夜，雨过天晴，皓月当空，但地面依然潮湿泥泞。好像上天着意相助，这样的自然条件最有利于寻找法国人的行踪。亚王派的几名印第安人，带领着华盛顿的突击人员，没费太大的周折就发现了敌人的足迹。

循足印而行，不久就找到了一支法国小分队的宿营地。华盛顿将40名士兵分为两个战斗组，左翼由亚当·斯蒂芬带领，自带右翼，从两侧同时迂回包抄，在距敌人营帐100米处埋伏。

也是法国人活该倒霉。他们自恃兵力强大，营地戒备松懈，新近又在两河岔口不战而取得英军堡垒，根本没料想英军竟敢主动乘夜偷袭。是夜士兵们在帐篷里呼呼酣睡，哨兵蹲在附近打瞌睡，一点都未发现已被包围。

晨7时，天色大明，这时的能见度有利于进攻一方瞄准射击。法国人是遭受到第一排齐射时，才大梦初醒。他们蜂拥而出，各用单发毛瑟枪仓皇应战。

关于这次战斗的过程和结果，华盛顿在战后第三天，曾写有

▲华盛顿在莫农加希拉战役中

一封家书，得意扬扬地告诉他的弟弟：

三天前我们在此同法国人交战。我们的大多数士兵均随其他支队外出，留在我指挥下的仅有30多名士兵和大约10名印第安人；但我们取得了辉煌的胜利。

战斗持续13分钟，双方猛烈射击，最后法国人退却逃走，但走也无济于事。

因为我们击毙法军12人，其中有他们的指挥官德·于蒙维尔，俘虏21人。

这是华盛顿第一次独立指挥的战斗，可说是初出茅庐、小试牛刀，便显示出了他不同凡响的军事指挥才能。

事后查明，被他们打掉的不是普通战斗部队，而是一支法军特派间谍小队，长期在俄亥俄流域活动。

在荒芜遥远的北美洲腹地，打了这么一场小规模、低水平的袭击战，出乎意外，竟然产生了世界级轰动效应。

欧洲和北美的许多报纸，在显著位置纷纷作了报道。敏感的新闻界意识到，这场总兵力不超过100人的13分钟战斗，很可能成为英法两霸全面大战的序幕。于是小小民团中校华盛顿的名字，一时间成了报刊热点，声名鹊起。华盛顿成了守护边疆的英雄！

# 率孤军奋战困苦堡

华盛顿本人并没有陶醉在胜利的喜悦之中。1754年，从情报得知，法军至少部署了1000名士兵向这里移动。一些印第安部落见风使舵，转向加入法国人的行列。

华盛顿的部队孤军突出，后勤保障不尽如人意，粮食供应时断时续。

在极端困难的情况下，华盛顿采取了一些必要的措施，比如，加固防御工事；请求弗赖伊上校紧急率军增援；向丁威迪总督告急，请求人力物力支援；请亚王说服印第安人等。

但他的主要精力还是放在对付法军大部队的进攻上。他做的这一系列安排，不能说没警惕性，不能说不周密。

奇怪的是，法军迟迟没有来进攻。华盛顿严阵以待，敌人不来他们反而忐忑不安。为什么不来进攻？什么时候会突然进攻？令人防不胜防。

在两军对峙中，从后方传来一个坏消息：总指挥弗赖伊上校因病去世了。

弗吉尼亚州议会通过了一个议案：晋升华盛顿为上校，并任命为弗吉尼亚民兵司令。所有华盛顿提出的条件，议会全部接受。丁威迪致函华盛顿，正式通知他晋升上校军衔。

这样年轻的华盛顿，怎会有这么大的声望呢？华盛顿所以能够得到大家这样的尊重，既不是由于辉煌的战功，也不是由于大的胜利。这完全是从失败于边缘中挺身而出，简单说一句，全是从战败中得来的。

▲华盛顿检阅处于困境中的美军士兵

他虽然不断地遭逢不幸，可是，总能够勇敢地克服困难，突破难关；他那坚韧不拔的天性，很快地就被大家所认识。

弗吉尼亚的边境非常混乱。“我们要尽量争取时间，大家快走！”华盛顿带着40个士兵，火速地向危险地带出发！

他赶到边境地带一看，只见当地的居民全在恐怖中过着悲惨的日子。许多妇女跪在华盛顿面前哭泣，叫喊，也有些男人高举着双手，哀求华盛顿拯救他们。

“我既然来到这里，你们就不必再害怕。我一定要誓死保护你们。”他虽然这样安慰着大家，可是，要等那些新招的民兵到达这里，还有一段相当长的时间。即使他们到达这里以后，还得加以一番训练才行。

这时，当地有一个毅然下了决心，要站起来抗敌的人，他就是费亚华克斯爵士。

这老爵士的住宅，刚巧建筑在仙南洞溪谷里，正位于森林地带的中心，是印第安人最佳的攻击目标。

“情况是愈来愈危险了，请赶快撤到城镇去吧！”旁边的人尽管苦劝着他搬家，老爵士却毫不动心。

他的回答是：“我是一个老年人，不管是死在印第安人的斧头下，或是死在病魔的手里，都无所谓啦！横竖已经上了年纪，寿命已经差不多了。你们还年轻，爱怎样就怎样去吧！我如果一离开，这邻近一带恐怕不免都要受到糟蹋。好不容易流了那么多的汗，才建设成了现在这样的一块土地，再要让它变成荒地，这怎么行！这对于我来说，是说什么也不能忍受的。”

经他老人家这么一说，附近的佃户、猎户、伐木工人，就一起联合起来，组成了一个自卫团，决定要在这块土地上奋斗下去。

华盛顿司令官也就在这样恐怖不安的气氛中，一步步地把边

防军建立了起来。不过，州议会方面，经费的发放，总是不能够应急，甚至士兵的食粮，也经常中断。尽管在这样的情形下，他还是建立了一个数达1900余人的弗吉尼亚边防军。另外，还有700个印第安兵，也来参加这个部队，这全是靠司令官华盛顿个人的威望所致。

8月里的一天，在温却斯泰村子里，举行了一个不平常的仪式。村子里的每一个人，包括穿着工作服的店员，头上裹着包头布的妇女，还有那东奔西跳的孩子们，都来参加。

在罗敦要塞的教练场里，在军乐队响亮的奏乐声中，完成了一次分列式的大检阅。

当那一面边防军的团旗，在旗杆上徐徐上升的时候，司令官华盛顿在团部官佐的护卫下出现了。

“立正！”

当时，全场肃静，鸦雀无声，满场兵士一个个都保持着立正的姿势，挺直着身躯，一动也不动。接着，司令官从口袋里掏出一张纸来，以洪亮的嗓音，向大家宣读。

宣读完毕，喇叭的声音又响彻云霄。那些孩子们也跟着高声欢呼，大人们更高兴得都把帽子往半空里投掷。

这是一个宣布什么大事的仪式呢？早从一年前起，不论在海面上，在陆地上，在森林里，在山谷里，到处与法兰西争斗的英国，终于向敌国发出了正式宣战的宣言！

如今华盛顿名正言顺地成了弗吉尼亚军队的总指挥官，弗赖伊所部一百余人马归他指挥。权力和担子较以前更重了。

华盛顿新官上任，大刀阔斧整顿全军，表扬、提升了一批优秀将士，撤换了不称职的人员。

同时抓紧时间修筑一座坚固的大碉堡，以利固守。每天催促进度，士兵们苦不堪言，就给碉堡取了个很不雅的名称——“困苦堡”。

另一件大事是独立连一百余人来到前线增援。独立连还未到之前，丁威迪总督在信中就提醒华盛顿要“特别的尊重”。

独立连指挥官麦凯先生的军衔不过是一员上尉，职别低了三级，“尊重”到何种程度才算“特别”呢？但是作为军人，在礼仪上和态度上要“特别尊重”，绝对不能搅乱指挥系统的上下关系。

说得直白一点，就是谁指挥谁。是上校总指挥向一个连队发号施令呢，还是上尉连长向整个弗吉尼亚民团发号施令？这个问题不是个人争夺名位，若不明确，打起仗来后果不堪设想。这件事实在叫华盛顿挠头。

尽管华盛顿心中不悦，还是小心翼翼地迎来了独立连。麦凯上尉给人第一印象还是相当不错，显得很有教养，谈吐温文尔雅，颇具绅士风度。可一接触具体问题，矛盾就暴露出来了。

第二天，华盛顿按常规派副官送去部队的口令和暗号，想不到碰了个硬钉子。

麦凯上尉摆起中央军的架子，他要另建营地，自定口令暗号。还态度傲慢地声称：殖民地总督无权任命一个军官来指挥英王陛下亲自委任的上尉！

华盛顿气得火冒三丈，但想到大战在即，还是顾全大局，就一直忍辱负重。

既然好久不见法军来进攻，华盛顿组织士兵继续开拓通往红石溪的道路。

华盛顿带领士兵们修路干得汗流浃背，“独立连”官兵却坐在浓荫下乘凉观望。

中央军说，除非每人每天发十先令的报酬，否则不会为八个便士而折腰。

一句话，麦凯上尉不承认华盛顿上校的指挥权。华盛顿上校也不愿接受麦凯上尉的意见。

于是，修路部队自往前修，而独立连就留守在大草原，兵分两路各行其是。

印第安人也看出，处于劣势的英军内耗已公开化，败势已成定局。

而且，华盛顿一方面对独立连的霸道作风愤愤不平，同时却不能平等对待印第安人。

加上后勤供应跟不上，士兵待遇低下，衣衫破烂，缺少皮靴，几乎闹得缺粮断炊。

印第安人当然不愿再替英国人效力卖命，酋长们各找借口纷纷离去。

这一来英方的力量进一步遭到削弱，没有当地人的支援，变得耳目闭塞，情报不能及时获得。

在这种困难的形势下，华盛顿仍未充分认识到面临的危险，不是集中力量原地固守待援，而是坚持分兵修路，进军红石溪。

先头部队送来惊人消息：法军已在岔口修筑了永久性防御工事。

碉堡修得坚固宏大，名唤“迪凯纳堡”。这也是向世人宣告：这块地方已属于法兰西！

近日来，法军以迪凯纳堡为基地，集结了800名法军和400名印第安人，要对华盛顿部队发起大规模进攻，以报大草原战败的一箭之仇。

法军总指挥是一位老谋深算的职业军官，深谙用兵之道。他并没急于实施他的报复计划，而是集结更多的部队，选择敌军逐渐松懈的时刻，出其不意给予对手毁灭性的打击。

华盛顿侦知敌人的意图时，处境已十分不妙。英军远离基地，无堡垒可依托，无地利可防守，无论打运动战或打阵地战，都极其不利。

他唯一能做的，是命令修路部队停止前进，同时派人通知先

头部队和独立连三支部队会合一处，总共兵力400人左右。然后全军尽快后撤，争取在法军进攻之前，撤回到大草原的困苦堡固守。

前进艰难，撤退也不易。由于车马缺乏，陆续运来的武器弹药、粮食辎重，全靠肩扛手抬。最重要、最困难的莫过于九门大炮，万万不能落入敌军之手。

快速行军暑热难耐，官兵苦不堪言，不少人中暑病倒。华盛顿把坐骑让出来驮运枪支弹药，他自己和士兵一样徒步急行。

他的私人行李雇请一名健壮士兵挑运，也得掏腰包付给酬金。

最恼人的是独立连，还是那副老爷样子，绝对不肯助一臂之力。

1754年7月1日，这支队伍总算撤到大草原困苦堡，等待后方派兵增援。

还没等英军做好准备，法军就已经追上来了。7月3日凌晨，一发尖厉刺耳的枪声宣告攻坚战的开始。近1000名法军把困苦堡围得水泄不通。

华盛顿命令全体300多名官兵保持镇静，不许擅自出击，只能利用工事掩护，进入射击位置等待敌人接近，听命令才开枪。

整个白天双方不停地枪战，法军和印第安人利用树木掩护，步步向前逼近，但始终没能进入60米距离之内。

时近中午，天下起大雨来，困苦堡周围尽成泽国。

士兵继续冒雨对射，打到傍晚，英军减员已达三分之一。未受伤的也是饥肠辘辘，浑身湿透。

更糟糕的是弹药被雨水浸湿，滑膛枪淋得无法使用，射击逐渐减弱。幸亏天色已晚，雨下得越来越大，伸手不见五指，两军自动停战。

法军方面因为没有工事的掩护，伤亡损失更大一些。虽然凭着人数上的优势，明日还有力量组织新的一轮攻击，但也承受不起更大的消耗。

7月3日8时，法军派人到前沿喊话，建议英方派人谈判。华盛顿起初断然拒绝谈判，但看到阵亡者的遗体和大量的伤员，率领全军突出重围已不可能，再战下去，力量的对比太悬殊，结果可能是全军覆没。

经过再三商议，英方派出通晓法语的范·布雷姆等三人与法军交涉。

双方几经讨价还价，法军表示让步，于午夜达成一项体面的“投降协定”，双方指挥官在上面签字生效。

第二天上午，华盛顿安排范·布雷姆上尉和斯托波上尉留下充当人质。

为了保持大英帝国的体面，不能让上尉军衔的人质太寒碜，华盛顿从私人行囊中找出一件精致的绒面料镶银边的外套，和一件高级大红色背心给范·布雷姆穿在身上。

然后，按照协定，华盛顿率领残部撤出困苦堡。在他们的词典里，他们是战败者，但不是变节者。

为形势所迫停止了抵抗，免除了无谓的牺牲，但保全了士兵的生命，也就保存了有生力量，何况并未放下武器。

华盛顿要求部下换上干净的军装，举着军旗，扛着枪支，搀扶着受伤的弟兄，默默地操齐步走出弹痕累累的碉堡。这次的失败，从反面给他上了极其重要的一课，使他学会了正确对待挫折。

关于困苦堡之役，英法两国官方发布的战果统计，差异之悬殊着实令人十分吃惊。

法方宣布：击毙击伤英军一百余名；至于己方的伤亡，法军及印第安人中，仅阵亡两人，伤17人。

英方则根据华盛顿向总督送的报告称：我方阵亡27人，伤70人。敌方的死伤数字不详，但据敌军中一些荷兰人向我方某位同乡透露，伤亡总数超过300人。

当夜法军一直忙于掩埋尸体，次晨还未埋完，足证其可信云云。而弗吉尼亚的报纸又在此基础上称打死打伤敌人900名。

## 战场上亲自操炮发射

从1753年10月奉命出使俄亥俄，到1754年7月困苦堡战败撤回，华盛顿有十个月都处在高度紧张的斗争中，人已是心力交瘁。

尤其这年11月，英国政府颁布了一个新条例，规定：英王及英王在北美的总司令所委任的军官，其地位应在殖民地总督所委任的军官之上。

地方部队的军官在和英王委任的军官一起共事时，不以军阶论高低。英政府美其名曰“消除正规军与地方部队之间在指挥权上的矛盾”，明眼人一看便知，这是带有明显歧视性质的政策。

在弗吉尼亚，民团撤销了团级建制，分散为连队活动。取消高于上尉衔的军职，民团连队均由正规军的上尉连长指挥。

这项政策的出台，严重地损害了北美殖民地民众的尊严和他们对母国依恋之情，引得各州军界一片哗然。

华盛顿本是血性男儿，他的自尊心和事业心极强，绝不甘心过窝囊日子。一怒之下辞去军职，返回自己的弗农山庄，过起隐居生活来。

正当华盛顿在乡下离群索居，埋头经营庄稼，不问朝政的日子里，万万想不到他的大名却再次引起大西洋两岸的关注，成为国际瞩目的新闻人物。

本来两个回合的大草原之战，英法两家各胜一局，打成平局，但是双方不愿握手言和，蓄意扩大势态，再挑争端。

由于政治的需要，华盛顿的私人信件刊登在《伦敦杂志》上。他率领40名勇士奇袭于蒙维尔营地、全歼敌军的特写，上了伦敦《绅士杂志》。

有家报纸在评论中说：

> 我们勇敢的军人依然活着回来，继续为他们的国王和祖国效劳。

华盛顿的英雄伟绩轰动了上层社会，连英国国王也在兴高采烈地谈论他。1755年春，局势又发生了变化，好似上帝刻意安排，他的隐居生活该结束了。

英国政府最高决策层鉴于英军在困苦堡的失利，大片殖民地有落入法国手中的危险，便把注意力转到北美。

经过一番周密的谋划，决定采取大规模的军事行动，彻底打垮老对手法国在北美的军事力量，以保障日不落帝国的霸主地位。为了实现这一目标，政府动用了最精锐的作战部队，组成赴北美远征军。

统率这支远征军的最高指挥官，是60岁的宿将爱德华·布雷多克少将。具体作战目标，是收复被法军抢占去的俄亥俄河交汇岔口的迪凯纳堡。

华盛顿自奋战困苦堡后，利用这段时间，他进行了深刻反思，总结了主客观原因。他清醒意识到，英法之间全面大战就要爆发。他在养精蓄锐、等待时机。

收到邀请信后，他急匆匆赶去与布雷多克将军见面。将军很高兴，说人才难得，便正式任命他为将军的上校副官。

需要说明的是，华盛顿是以自愿人员的身份入伍的。所谓上校副官是个虚职，既没有实权又没有薪俸，还得自花费用购买军装马匹上前线，单纯从经济得失看，可说是一大笔亏本买卖。但他主意已定，不为经济得失和母亲的阻拦而动摇。

1755年5月，人马集结于坎柏兰堡待命，加上民团、印第安武士，总兵力达到1600人。

6月初，17响礼炮鸣过，部队奉命出发，目标是攻占法军盘踞的迪凯纳堡。

华盛顿非常了解北美风土民情，有和法军交战、与印第安人

结盟的经验。这些无疑都是极其宝贵的、也正是布雷多克将军所缺乏的，华盛顿作为参谋人员，其职责就是向主帅提供情况，条陈参考意见。

但是，实际情况不是这样。华盛顿的许许多多好的建议和忠告，均未被重视采纳，反而引起不断的争执辩论。

令人扼腕叹息的是，布雷多克能发现人才，却不会使用人才。看来，“叶公好龙”的典故不只是中国人的专利。

开始就得到可靠消息，迪凯纳堡的守备力量很薄弱，如果抓住时机长途奔袭，必可奏奇效。华盛顿建议兵分两路，将军亲自统领精锐部队轻装疾行，给敌以突然致命一击。另一路运载辎重补给品，作为第二梯队随后跟进。

▲华盛顿在战场

建议表面上被采纳了，挑选出1200多名精兵，配备10多门大炮组成快速部队。但是精兵队伍依然庞大而臃肿。拨给的200匹军马中，真正驮运军用物资的只有12匹，其他统统载运军官的私人物品。

倒是华盛顿把他私人的坐骑献出来驮运公物。队伍壮观倒是壮观，可是在北美的崎岖山路上，行军打仗是何等的艰难。

华盛顿知无不言，他进一步建议，非军用物资应一律精简轻装，暂时保存在后方。将军对此却不予理会，因为在欧洲从来没轻装精简过。这一来行军速度慢得像蜗牛，累坏了出力受苦的普通士兵。

也许是上帝安排，在这紧要关头，华盛顿生病了。连日高热不退，头痛难忍，身体虚弱，经不住骑在马上颠簸折腾，只有躺在马车上随着后卫部队行动，布雷多克将军带领主力走在前面。

这支庞大的精锐部队，在信息不灵、敌情不明、粮食短缺、内部不和的状况下，极其缓慢地向西方蠕动。

部队好不容易越过了大草原困苦堡，华盛顿预感到处境不妙。大队法军可能就在不远的前方，随时有遭到法军突然袭击的可能。

1755年7月，一个酷热的天气，部队夜宿营地距敌人盘踞的迪凯纳堡大约24公里。

7月9日，天气连续几天晴朗无异常。中午时分主力部队渡过了莫诺加希尔河，来到一片丛林地带。

华盛顿见地形十分险恶，顿生疑窦，恐有伏兵。但布雷多克将军却命令部队整顿军容、高举军旗、鼓笛齐奏，威武雄壮地渡河。据说就凭这样的军威也足可压倒敌人。皇家部队的官兵们，看起来仿佛是去参加宴会，而不是准备去战斗。

华盛顿的军人气质早被丁威迪先生所承认，丁威迪和其他人早已向布雷多克将军介绍过华盛顿个人的才干，说他对这个地区的深刻了解以及他在边疆工作的经验。华盛顿慎重行事，避免采用一切可能引起指挥权问题的措施，在对方提出质问时，也心平气和地加以解释。

华盛顿顾不得病体未愈，翻身上马追赶总司令。他建议停止前进，立即派侦察部队搜索前方及两翼。

然而为时已晚，林子里响起了密集的枪声。担心的事终于发生了，由于没派印第安人侦察，中了伏击！第一排枪弹就击倒了十多名前卫尖兵。

射击继续下去，但仍然是从隐蔽处向外射击。这时，华盛顿和兄弟们退入战壕，命令他们只要看到敌人就可以射击。这样，整个白天，双方一直小规模地对射。法国人和印第安人在树木的掩护下尽可能逼近，最近的地方在60米开外，但从来没有走到空旷地带。

与此同时，大雨倾盆而下。困苦不堪、精疲力竭的士兵在战壕里淋成落汤鸡，许多滑膛枪都淋得无法再使用。

布雷多克表现出了惊人的沉着镇静，马上作出反应。他命令800人主力，迅速接应前卫部队。

华盛顿根据丛林作战的经验，建议把部队分散开来，利用地形和林木作掩护，各自为战与敌人周旋。

遗憾的是将军不纳忠言，一如欧洲传统的老战法，命令部队一字排开，呈散兵线列队进攻。

这是何等惊心动魄的悲壮场面！法国兵和印第安人隐匿在大树背后，对准毫无遮拦的整齐队列打活靶。

平时老爷气十足的英国军官，都表现出意想不到的大无畏勇气。他们绝对服从命令，冒着敌人的炮火铁青着脸边放枪边前进。他们看不见敌人的身影，只能根据敌人射击时冒出的一缕青烟回击，射出的子弹漫无目标。自己人成排倒下，第二线又替补上去。没有人怕死退缩，没有人临阵脱逃。

军官们身先士卒，60岁的布雷多克将军就站立在前线指挥。他不下撤退的命令，幸存的官兵就不会停下前进的步伐。

精锐的英国正规军伤亡过半，倒是弗吉尼亚民团懂得丛林战法，平时自由散漫，这时候都不用命令，各自寻找一处树木作掩护和敌人对射。

此役英军共伤亡七百多名，各级军官阵亡超过三分之一，武器物资损失殆尽。弗吉尼亚民团的损失最大，一个连队全连无人生还，另一个连队的军官全部牺牲。布雷多克将军已为国捐躯，也就不必指责，更无从追究责任了。

倒是华盛顿不顾病弱之身，在枪林弹雨中作战，还亲自操作发射炮弹。他的两匹坐骑先后被打死，上衣被射穿四个弹孔，能平安生还，真是个人间奇迹。

这次战役，是英军在北美空前惨重的失败。

事后查明，该地设伏的根本不是法军主力，只是一支分遣队。其中正规法军72人、加拿大人146名、印第安人637名。他们驻扎在附近的小据点杜坎堡，听说有3000名英军来攻，害怕守不住杜坎堡，就派出一支分遣队到河边阻击。

法方伤亡总数不超过70人，此役成了世界战史中的一个很有特色的战例。过去，北美各州对英国的强大力量敬如神明，这一败绩则是对迷信的致命打击。

一个伟大人物的出现，必然有一个铺垫、孕育、生长、挫折、发展的过程，其道路不可能一帆风顺。英、法两国大动干戈，其性质是不义之战。就华盛顿而言，他这样做实际上也是在捍卫整个弗吉尼亚人民的利益。

## 担任先锋收复失地

1763年，情况发生了突变。英法战争结束，英国在殖民争霸战争中取得了决定性的胜利。于是，英国便腾出手来，开始执行严厉限制殖民地经济的政策，大肆对北美进行压榨。

英国加强了制裁北美走私业的措施，派出大量军舰到北美海岸游弋，缉查走私，从而使北美的对外贸易受到沉重打击，沿海港口城市的经济迅速陷于萧条。

英国当局似乎仍嫌不足，先后接连颁布了一系列新税法，例如《糖税法》《印花税法》《唐森德税法》等，强行向北美人民征税，巧取豪夺，以满足英国国内的需要。

英国当局的行为严重损害了殖民地各阶层人民的利益，引起了他们的强烈不满，由此爆发了声势浩大的反英运动。

到了1765年5月29日，市民在威廉斯堡开会讨论《印花税法》问题。年轻的律师帕特里克·亨利发表了演说。他以火一样

的激情和雄辩的口吻论述了印花税的罪过，义正词严地指出：只有弗吉尼亚议会才有权力向当地居民征税，反对此项意见者均为弗吉尼亚的敌人。

他在会议上大声疾呼：“恺撒有他的布鲁图，查理一世有他

▲华盛顿

的克伦威尔，乔治三世应从前车之鉴中吸取教训。”

这篇演说词给予英国人战斗的弗吉尼亚民团提供装备的决议提供了有力的论据。

华盛顿在给亲友的信中表明了自己对这事的看法，他写道：

> 大不列颠议会强加于殖民地的《印花税法》已成为对于他们自由的卑劣的进攻，而且大声疾呼地反映殖民地日常议论的唯一话题。他们认为这种违宪的征税正是侵犯人民权利的行为。
>
> 这一税法及其并非明智的措施所引起的结果如何，我不愿妄加断言，但它为母国带来的利益将大大小于内阁

▲正在演讲的华盛顿

的估计却是我敢于肯定的，我们的全部财富从某种意义上说已在源源流向英国，任何促使我们的进口有所减少的措施，都必定有害于英国的制造业。

在目前情况下，即便我们愿意执行英国议会的这一法令，要让人人遵守也是不可能的，或接近不可能。除了我们没有钱买印花税以外，还有许多别的有力的原因，足以证明这个法令行不通。

华盛顿说印花税的实质是宗主国殖民地的“压制法”。他警告大不列颠议会，如果“不顾一切地强迫实行《印花税法》，它给祖国及其殖民地带来的恶果，要比一般所担心的更为可怕。”他号召殖民地人民向英王请愿、向议会抗议全都无效之后，就应该毫不踌躇地使用“最后一件法宝”，立刻拿起武器，“保卫全部生命所依存的宝贵的天赋自由”，给“我们威风凛凛的英国主人”以回击。

华盛顿激昂地表示：当祖国召唤他的时候，他将扛起滑膛枪，奔赴杀敌战场。在人民运动的感召和冲击之下，各殖民地的上层人士和议会也纷纷行动起来，支持反英斗争的正义事业。

主持英国内阁的威廉·皮特雄心勃勃，决意要洗雪上届政府在北美战败的耻辱。他任命艾伯克龙比少将为美洲英军总司令，下面兵分三路齐头并进：一路军在舰队配合下，目标是攻占路易斯堡和布雷顿角岛；中路军由总司令亲自统率，进攻香普兰湖；第三路军由福布斯准将指挥，任务就是夺取迪凯纳堡。

华盛顿担子很重，他是弗吉尼亚部队总指挥，下辖两个团队，每团1000人。整个部队编入了福布斯将军进攻迪凯纳堡的远征大军。

鉴于用人之际，内阁决定殖民地士兵与正规军士兵待遇一样，但服装薪饷还是要殖民地供给。民团上校以下的地方军官，同英王委任的正规军官合作时，他们的地位相等。这个决定在某种程度上缓和了地方军与正规军的矛盾。

华盛顿根据多年的经验，发现英军的红色制服不适合丛林行军作战，便仿照印第安人的轻便猎装，制作成弗吉尼亚部队的特殊军服。

他的设计非常成功，大受官兵的欢迎。后来，美国步兵服装就是以此为蓝本，加工改进而成的。

英军第一路取得辉煌胜利，攻克了路易斯堡和布雷顿角岛。华盛顿求战心切，希望第三路远征军把弗吉尼亚部队编为先遣队。他向福布斯自荐，他的部队非常熟悉路径和险要地点。

可是，这位福布斯将军充分吸取了他的前任失败的教训，坚决反其道而行之，不惜动用很大的人力物力，另外修筑一条穿过宾夕法尼亚中部的新路。

华盛顿大惊，便反复陈述以前那条路基本完好，略加修缮即

▲独立战争中的华盛顿

可通行，而且轻车熟路，只要三四天部队便能到达迪凯纳堡，可以攻占目标。哪知福布斯谈虎色变，死活不愿再走上次吃败仗的那条可怕的老路。华盛顿只有仰天长叹!

福布斯将军整顿全军人马，准备一鼓作气拿下迪凯纳堡，否则他无法向总司令交代。这一次福布斯将军完全信赖华盛顿，大胆委以重任，派他的弗吉尼亚团队为先锋。负责侦察敌情，扫清道路，击退印第安人的袭击。

这样重用地方部队，在北美是没有先例的。11月5日，第三路军才在“忠实的汉南”集结完毕。此时冬季就要来临，道路尚未修通，部队轻装再轻装，连帐篷行李等物也弃而不带。只靠人力搬运少量轻型火炮，急行军80公里奔袭敌军。

华盛顿带领弗吉尼亚部队开路在前，沿途可看到历次打败仗的痕迹：战死的官兵、被印第安人杀害的伤病员、战马的骨架，越逼近迪凯纳堡，遗骸白骨越多。当前锋部队抵达堡前时，才发现它已是空空如也。因为英军在加拿大获得全胜，法军后方补给线被切断，守军500人于一日前烧毁碉堡、炸毁弹药，乘坐平底船顺俄亥俄河逃跑了。

华盛顿兵不血刃收复了迪凯纳堡。这座堡垒后来发展成内地最繁华、人口最多的大城市之一，改名匹兹堡。他的心愿终于实现了，报了困苦堡一箭之仇，恢复了弗吉尼亚的安全与和平。

# 第三章 力挽狂澜

由于剑是维护我们自由的最后手段，一旦这些自由得到确立，就应该首先将它放在一旁。

——乔治·华盛顿

## 参加大陆会议

1765年10月，在马萨诸塞殖民地的倡议下，来自九个殖民地的代表集中在纽约，召开了由美利坚人倡议召开的各殖民地之间的第一次大陆会议，专门讨论《印花税法》的威胁问题。

会议通过了《殖民地人民的权利及其不满原因的宣言》，重申了“无代表即不纳税”的原则，指出：不得人民同意，或不经人民代表的同意，就不能向人民征税，英国当局的法令侵犯了北美人民的权利和自由。这次会议表明，北美人民的民族意识已经成熟了。

仅仅过了两年，英国国会再次通过了向殖民地征收“外部税”的法律，这就是《唐森德法案》。根据这项法案，在美洲各口岸，对于进口各种玻璃、铅、纸张和茶叶都要征收若干重税。殖民地人民拒绝缴纳时，税吏就叫上英国军队一块来收。

在这过程中间，美洲人多次派代表“上访”，向英国国会反映问题，陈述困难。但傲慢的英国官员，不仅拒绝接见，而且有时还把他们安排到荒无人烟、又极不舒适的地方住宿，目的就是让他们尽快滚蛋，该到哪到哪去。

在反英斗争浪潮汹涌澎湃之际，弗吉尼亚议会于1774年5月16日在威廉斯堡开幕。会议的中心议题是讨论援助波士顿人民的正义斗争。会议通过了针对英国议会高压法令的抗议书，并指

▲华盛顿在大陆会议上

定6月1日为斋戒日，号召全体人民进行祈祷，恳求上帝促使英国及其议会回心转意，对北美采取公正的态度，使人民免遭战争的灾祸。

1774年6月底，华盛顿以主席的身份主持了费尔法克斯县的市民会议，会议通过了一份由他和梅森共同草拟的旨在对英实行贸易抵制的议案。

8月1日，华盛顿代表费尔法克斯县出席了弗吉尼亚第一届全

省代表大会。在这次重要的会议上，代表们表现出了高昂的爱国热情和革命精神，帕特里克·亨利大胆地宣布："不自由，毋宁死。"

就连一向沉默寡言的华盛顿也异乎寻常地发表了激动人心的演说，坚决支持亨利的激烈议案，并当众表示：

> 我要自己出钱组织1000名士兵，亲自带领去援救波士顿！

不鸣则已，一鸣惊人，语气高昂，字字千钧！

会议最后通过了对英进行经济抵制的决议案，并推举出七名代表去费城参加第一届大陆会议。

华盛顿也光荣当选，得票数居第三位。

1774年8月最后一天早上，晨雾散去，旭日东升，天气格外晴朗。帕特里克·亨利和埃德蒙·彭德尔顿来到弗农山庄与华盛顿会合。早餐后，他们在玛莎依依不舍的目光中策马上路，前去参加在费城举行的大陆会议。

此时此刻，三人的心情都格外兴奋，他们仿佛并不是去参加会议，而是在神圣使命感的驱使下，去投身一个伟大而永恒的事业。本来需要走一个星期的路程，他们仅仅用了四天时间。望着费城那带有西欧中世纪城镇风格的建筑群和街道，他们心底不禁

产生出一种异样的感觉，就像虔诚的朝圣者终于到达了他们朝思暮想的圣地那样。

这是一座貌似古老其实仍很年轻的城市，它庄重朴实，但又带有几分神秘的色彩。这次会议将会取得什么结果？北美殖民地的命运如何？大西洋两岸的人们都在拭目以待。

1774年9月5日，大陆会议在费城开幕。大陆会议的召开是北美殖民地向建立全国性政权的方向发展的第一步，它本身具有殖民地最高权力机关的性质。这是殖民地人民长期团结斗争的产物，也是北美社会经济发展成熟的一个必然结果。

13个英属北美殖民地中有12个派代表出席了大陆会议，共有代表55人。他们大都是殖民地上最具政治头脑、组织才干和远见卓识的领袖人物，其中既有激进派，也有温和派，另外还有一些保守派分子，只有那些极端的效忠派没有代表出席。北美人民及其子孙后代的命运和前途完全寄托在了他们身上。这次大会是一个人才济济、代表性很强的大会。

虽然代表们来自不同的地区，在政治上代表了不同的派别，但有一点是一致的：他们都充满了爱国的激情。对此，弗吉尼亚代表帕特里克·亨利看得一清二楚。为了使全体代表在这一基础上团结起来，抛弃狭隘的地域观念，共商民族大计，他发表了脍炙人口的演说："整个美洲现已融为一体，你们的地界，你们殖民地的边界在哪里？全都不复存在。弗吉尼亚、宾夕法尼亚、新泽西和纽约之间的区别已不复存在了。我不是弗吉尼亚人，而是美利坚人。”

这段话虽未提及“独立”一词，但它消除了各殖民地人之间在心理和地域上的障碍和隔膜，使他们比较清醒地意识到他们在民族利益上的一致性。亨利的主张很快便被与会者所领会并欣然接受。在此基础上，大会决定不论各殖民地的人口有多少，每个殖民地只有一票表决权。弗吉尼亚的佩顿·伦道夫当选为大会主席。

第一届大陆会议讨论的中心问题是：北美人民的宪法权利以及北美与英国在宪法上的关系问题。这是一个触动了要害的重大理论问题，由此引起了激烈的争论。保守派坚持主张，英国议会对殖民地拥有至高无上的权力，并有权管理北美的商业。

9月17日，会议通过了《塞福克决议案》。该决议宣称：英国的高压法令是违宪的，拒绝执行，号召殖民地人民团结起来，建立武装，准备反抗驻波士顿的英军，呼吁加强殖民地合作，各地成立自己的政府，自行征税，中断与英国的一切贸易。该文件字里行间都充满了强烈的反抗精神，很显然，它反映了激进派的要求。

后来议会又通过了《权利宣言》以及致英王的《和平请愿书》。在请愿书中仍称英王为“最仁慈的主宰”，谋求双方实现和解。

10月20日，大陆会议还成立了“大陆协会”。该组织的职责是负责在各个地区成立“安全和视察委员会”，对英进行全面的经济抵制。这些委员会后来倒很快掌握了各地的地方政权。

大陆协会的成立，使大陆会议的性质发生了质的转变，它由原来的咨询机构转变成为事实上的革命政权，开始领导整个北美殖民地的反英运动。这标志着北美人民的革命斗争又进入了一个新阶段。

在做完上述工作之后，大陆会议在1774年10月26日宣布闭会，并宣布于下一年5月重新开会。会议的召开是秘密的，在会上，华盛顿坚决地维护美利坚民族的利益，给会议的召开发挥了主导作用。

首先，从会议通过的重大决议和措施来看，其精神实质与华盛顿早些时候的主张几乎是完全一致的，例如：坚决维护北美人民的自由民主权利；主张现阶段对英实行经济抵制；把武装斗争作为最后的手段以及还不主张独立等。这些主张华盛顿早在费尔法克斯市民会议和弗吉尼亚议会开会期间就已经提出，并通过了相应的决议。据记载：在开会的日日夜夜里，华盛顿充分利用一切机会和场合，广交四方精英和有识之士，传递信息，发表自己的政治见解，从不懈怠。在五十多天的时间里，他在自己的住处只用过七次餐。

其次，从一些当事人事后的评论来看，华盛顿在会议中确实扮演了十分重要的角色，给人留下了极深的印象。开会期间，人们发现这位年轻人虽言语不多，却显得刚毅威武，颇有大将风度。而且，他谈吐冷静果断，虽然不像亨利等人那样慷慨陈词，却字斟句酌，切中要害，表现出了一个政治家的真知灼见，使许多人都获益匪浅，产生了重要而广泛的影响。

当会后有人问帕特里克·亨利谁是会议中最伟大的人时，他回答说："如果论口才，南卡罗来纳的亨利先生是最伟大的演说家，但是，如果谈到广博的见闻和正确的判断力，那么华盛顿上校无疑是会议上最伟大的人物。"

大陆会议结束后不久，华盛顿便匆匆赶回弗农山庄。

# 揭开独立战争序幕

1775年3月20日，华盛顿到里士满城参加第二届弗吉尼亚会议。会上发生了两派对立意见的论战。一派对局势持乐观态度，认为三项禁令已见成效，英国政府定要改变初衷，因而没必要再采取过激行动。以帕特里克·亨利和杰斐逊为代表的激进派，力主马上扩大民兵组织，确保殖民地的安全。

正在两派争执不下时，从英国传来消息，英王乔治三世在议会发表了一通杀气腾腾的演说。他定的调子是北美殖民地发生了严重的“暴乱”，即要按照“暴乱”罪实施镇压，用血和火来回答大陆会议的“致英王书”！

英王的演说逼得北美人民没有了退路。帕特里克·亨利再一次起立大声疾呼：“为什么在没有和平的时候还在奢谈和平？战斗的时刻已经到来了，我们的兄弟已经奔赴战场，为什么我们还稳坐不动？难道我们的生命就那么宝贵，和平就那么甜蜜，以至可以用镣铐和受奴役来换取？不，我们必须战斗！不自由，毋宁死！”

亨利激情奔放，谈锋犀利，具有很大的鼓动力。“不自由，毋宁死！”逐渐成为流传全球的名言。

华盛顿在会上未发表长篇宏论，但在会议中间他进行了广泛的活动，争取成立“安全委员会”的提议得到多数人的支持。最

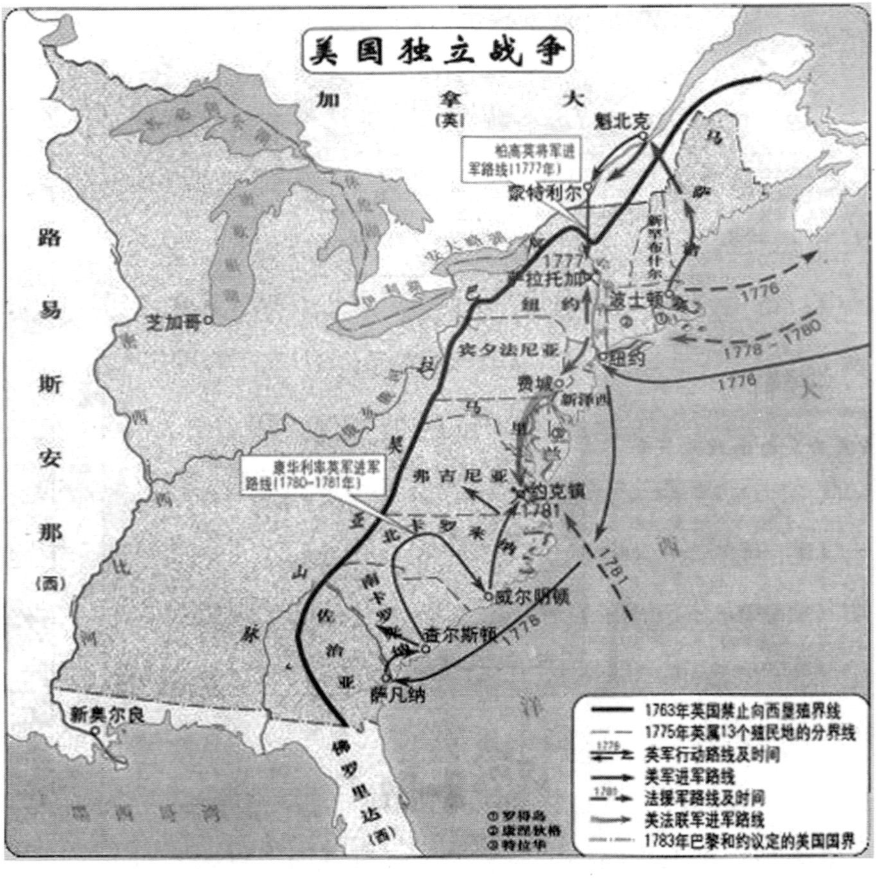

美国独立战争

1763年英国禁止向西垦殖界线
1775年英属13个殖民地的分界线
美军行动路线及时间
美军进军路线
法援军路线及时间
美法联军进军路线
1783年巴黎和约议定的美国国界

后表决，以多出五票的优势通过了亨利的建议。第二届弗吉尼亚会议立即成立了以华盛顿、杰斐逊等人为首的“安全委员会”，它就是弗吉尼亚的革命政权。

会议还决定，出席第一届大陆会议的代表，继续代表弗吉尼亚出席即将召开的第二届大陆会议。

其他各殖民地的情况大致相似，纷纷成立政府，组织民兵，搜集武器弹药。矛盾的双方都已剑拔弩张，战火一触即发！

先动手的是马萨诸塞总督兼英军司令盖奇将军。他秉承英王旨意，决心以五个团的兵力拿波士顿人民开刀。侦察得知，当地反英派人征集军火弹药，在康科德建立一个秘密军火库。1775年4月18日夜晚，盖奇将军派遣史密斯中校带领800名英军去收缴武器，逮捕为首的反英分子。

但是，他们的反常活动引起了居民的警觉。很快，一位医生打听到了确实消息，马上派“自由之子社”成员保尔·瑞维尔和工人威廉·戴维斯抢在英军戒严之前，骑上快马把情报火速传往各地。最先得到消息的波士顿郊区民兵，立即紧急集合，陆续赶赴康科德。

皮特凯恩少校率领的英军，经过一夜急行军，19日凌晨来到一个名叫列克星敦的村庄。英军突然发现，教堂外面的草地上有武装民兵挡住了去路。

皮特凯恩少校命令士兵装炸药、上子弹。他自己挥刀策马走向前去，大声吼叫："叛乱分子，赶快解散，放下手中的武器！"他身后的英军平端着滑膛枪，列成战阵，一步步逼近。民兵们未予理会，没放下武器，也没有散开让路。

双方距离不断缩短，突然，"砰"的一声，枪响了，这是具有历史性的第一枪，标志着美国独立战争的爆发。当时说不清是哪方面先打的，紧接着乱枪齐发，一场混战开始了。

民兵们顽强抵抗，有八位民兵牺牲，另外受伤十多人。英军方面伤亡了一些人员，终于杀开一条血路，直扑主要目标康科德。

由于列克星敦阻击战赢得了时间，康科德民兵已抢占了南、北两座桥头，库存的武器弹药大部分已分散转移。当英军匆匆赶到康科德时，迎面就遇到民兵射出的成排子弹。康科德教堂的钟声响了，它召唤爱国者拿起武器参加战斗。

英军在武器装备和技术训练上明显占有优势，根本没把这伙很业余的民兵放在眼里。可是打了一个多小时，不断有新的民兵队伍赶来增援，人数越来越多。

英军渐感不支，又害怕后路被截断，被迫下令向波士顿撤退。英军且战且退，撤退很快变成溃逃。

英军残兵败将逃回波士顿，清点损失：死65人，伤173人，失踪26人。民兵方面牺牲49人，受伤或失踪46人。北美人民初战告捷。

历史学界对列克星敦战斗非常重视，称之为“美国独立战争的第一枪”。

这一枪，揭开了独立战争的序幕；这一枪，打破了英国正规军不可战胜的神话；这一枪，把包括华盛顿在内的北美人逼上了“梁山”。

列克星敦的消息传开后，各地的“自由之子社”马上行动，夺取了一些军火库。

过了不久，由新英格兰及其他地方来的志愿民兵，达到1.5万余人。民兵集结在波士顿周围，把城里的英军包围起来。

## 当选大陆军总司令

1775年5月10日，第二届大陆会议在费城的独立宫召开。第二届大陆会议堪称群英集会，盛况空前。所有代表都是精选出的杰出人物，前一届的代表绝大多数再次当选。也有一些新面孔在会上出现，给会议注入了新鲜血液。

华盛顿听到独立的枪声时，正在家中准备赴费城参加大陆会议，这既是意料之外又在情理之中。

在费城期间，有这么一段小插曲：华盛顿、杰斐逊、伦道夫和刚来不久的潘恩一起进餐。潘恩眼里的华盛顿沉默寡言，坐着把手托住下巴，倾听别人谈话。他专心地注意所谈的内容，时而皱起眉头表示困惑。

第二届大陆会议，由波士顿大商人约翰·汉考克先生继任主席，查尔斯·汤普森为秘书。这时战争实际已经开始，会议的中心议题自然围绕着战争问题。尽管有了更多的代表的思想认识转

向激进，可依然有少数人倾向保守，主张避免流血冲突。

会议过程中两种观点分歧很大，不时引起尖锐交锋。最终还是通过了《橄榄枝请愿书》和《关于拿起武器的原因和必要的公告》两个文件。乍看起来，两个决议声调高低不齐，甚至互有矛盾，似乎有些不好理解，其实它如实地反映了与会代表的意志。

大陆会议的代表们都是经验丰富、成熟老练的政治家，不至于陷入喋喋不休的争吵或将观点强加于人。在各自阐明立场之后，同时尊重他方的意见，调和妥协而作出相应的决议。求大同存小异，有利于团结合作，许多重大决议，都贯穿了这种精神。

大陆会议开始行使邦联权力，发布了如下几项命令：

在北美全境发行数额为300万美元的纸币，上面印着“联合殖民地”字样；

筹集武器弹药和战争物资，扩大招募兵员，修筑自卫性质的碉堡；

禁止向英国渔船提供一切供应品。

▲杰斐逊

为了更有效地抗击英军，

1775年6月14日会议作出决定：将包围波士顿的各路民兵加以整顿，统一建制，统一指挥，正式命名为北美大陆军。

当时已有兵员两万余人，遂下令从宾夕法尼亚、马里兰、弗吉尼亚派出十个连的兵力增援波士顿。剩下的最关键的问题就是推选一位统率全军的总司令了。

这个问题太重大了。统率全军的总司令必须是精通军事、能力超群、众望所归、13个殖民地都能够接受的人物。在人才济济的大陆会议代表中，具有竞争实力者大有人在。选举稍有失当，极有可能伏下隐患，甚至酿成内部分裂。

面对如此重大的历史性选择，代表们沉思难决，左右权衡，谁也不敢贸然表态。最后，代表们的目光转向了华盛顿上校。他身穿蓝色鹿皮军装的军人英姿，沉着、果断、富有判断力的声誉，给与会代表们以极好的印象。

华盛顿为人沉默寡言，谦逊谨慎。一经有人提名，大家不约而同地发现，他确实是最合适的人选。因为他在英法战争中，历任重要军职，立过战功，声望极高，积累了宝贵的实战经验，对英军的战术战法非常熟悉，这是战争中最需要的才能。

再者，实践证明，华盛顿的政治主张和政治策略稳妥而可行，能被激进派和温和派双方理解，因而具有别人无可比拟的号召力和凝聚力。加之他是南方人，又是一位种植园主。在独立战争中工商业资产阶级与南方种植园主结成政治联盟，华盛顿有其代表性。

随后进行投票表决，获得全票通过。大陆会议1775年6月15日的正式记录只有短短几句：

> 决定任命一位将军，指挥为保卫美洲自由的全部大陆武装力量。每月支付给500美元作为薪俸和开支。
>
> 接着会议为将军人选进行投票选举，乔治·华盛顿先生全票当选。

43岁的华盛顿，此时的心情十分复杂。激动与惶恐交织，荣幸和忧虑参半。他从座位上站起来即席作了简短的发言：

> 虽然我深知此项任命所给予我的崇高荣誉，但我仍感到不安。因为我的能力和军事经验，恐怕难以胜任这一要职。
>
> 鉴于会议的要求，我将承担这一重任，并将竭尽所能为这一神圣的事业效力。
>
> 为了避免误解及损伤我的名誉，我请求在座的诸位先生记住，今天我在此诚心诚意地表示，我认为自己不配享有所给予我的荣誉。
>
> 至于待遇，先生，请允许我向会议表明，对金钱的考

虑是不能促使我牺牲家庭的舒适与幸福来接受这一艰巨任务的。我也不想从中谋利，我将把一切开支如数列账。

华盛顿的这一番表白，的确不是冠冕堂皇的客套话。革命战争初期的总司令一职，远远谈不上权重势大、高官厚禄。能否胜任职务、能否领导战争取得胜利，不但事关个人荣辱和身家性命，更关乎300万北美人民的命运前途！担子太沉重了，怎能不兢兢业业、诚惶诚恐？

华盛顿表示：不要任何报酬，尽一切力量担起这副重任。

500美元薪俸虽然不菲，哪里比得上经营种植园的效益？战火纷飞下的军旅生涯，又岂能和弗农山庄的温暖舒适同日而语？此时此刻受命于危难，是出于一个勇敢者的选择，是一个爱国者的职责，是对正义事业的献身。

大陆会议随后任命了四名少将和八名准将。后来应华盛顿的要求，又任命了霍勒肖·盖茨为准将衔副官长。

接受任命之后，华盛顿知道重任已经压在肩上，不可能再回弗农山庄与夫人告别了。于是，在1775年6月18日，华盛顿在费城给玛莎写了一封情意绵绵的家书。

我最亲爱的：

大陆会议已决定，为保卫美利坚事业所征集的全部

军队，将由我指挥，而且我必须立即前往波士顿接受这一使命。

亲爱的玛莎，请你相信，这一职位并不是我自己去谋求的。我曾竭尽全力摆脱，不仅是由于我不愿离开你和我的全家，而且由于我也自知，就我的能力而言，的确难以胜任。

我在家中同你一起度过的一日，那种真正的幸福要远远胜过我在异地他乡若干年后始能盼到的遥远的希望。

但是，既然命运安排我担任这一职务，我也就认为这是上天有意要我去完成一项有意义的使命。

不接受这一任命，又要我的人格不受非议，那是绝对办不到的；拒绝就会使我蒙受羞辱，给我的朋友带来痛苦。

我相信这也不应该合乎你的意愿。战争的辛劳或危险不会给我带来痛苦，但一想到你一个人留在家中忧虑不安，我就感到难过。

生命总是无常的。我一到这里就请彭德尔顿上校，按我的口授为我起草了一份遗嘱，现随信寄去。

我如战死沙场，我希望我为你做的一切准备，将使你感到满意。

华盛顿在给友人巴西特上校的信中，有如下的自白：

> 愿上帝保佑，我接受这一职责会有利于我们的共同事业，不会由于我的无知而损于我的名誉。
>
> 我可以在这三点上作出保证：坚信我们的事业是正义的；忠于职守；廉洁奉公。
>
> 如果这些都不能弥补能力和经验的不足，我们的事业就会有失败之虞，我个人的名誉也会扫地殆尽。

他在后来的言行证明，三项保证都是恪守不渝。尤其值得称道的是，直到当了总统入主白宫，依然保持廉洁奉公的美德。

华盛顿必须尽快赶赴前线，整顿人马，筹集物资弹药，准备迎接更大的恶战。

## 整顿军队准备迎战

1775年7月2日，华盛顿等人抵达波士顿的剑桥，设立了司令部。民兵们手里举着各式各样武器，热烈欢呼总司令到来。

7月3日，在哈佛广场的一棵大榆树下，受命于民族兴衰存亡的危难关头的华盛顿骑在马上手持指挥剑，检阅了长达半里的民兵队伍，正式宣誓就任大陆军总司令。

马萨诸塞议会对新建立的大陆军司令关怀备至。据可靠的文字记录，他们给司令部配备了一名司务长、一名管家和三名女厨师。华盛顿本人从家里带来了几个黑

▶美国开国元勋乔治·华盛顿

人仆役。初到新英格兰，独立操办饮食困难还不少。

司务长力求办得丰盛些，好随时招待来办事的客人或官员。华盛顿喜好社交，但从不花天酒地，待客彬彬有礼，他的心思主要放在工作上，日常饮食十分简单。

检阅大陆军时面对欢呼的人群，华盛顿头脑异常的冷静。随后立即在李将军陪同下，带领司令部人员视察了民兵阵地。从一个军事专家的眼光看，摆在眼前的局面非常的严峻。他把敌我双方的情况做了一番详细的对比。

他清醒地看到，英国是当时世界上第一强国。它的工业发达，拥有一流的海军和陆军。而北美大陆只是它的一个殖民地，人口300万，从未有过正规军，更没有海军舰队。民团连队虽然英勇无畏，毕竟无固定兵员、无严格训练、无组织纪律、无后勤保障。战时召之则来，年终自动离队回家。双方的力量对比是如此之悬殊，也是大陆会议迟迟不敢宣布独立的重要原因。

现状与华盛顿的要求相差太远太远。可就是这样的一群农民，用简陋的工具筑起了一系列半圆形炮台群，实现了包围波士顿的计划，使英军不能越雷池半步。官兵们的爱国热情，使总司令激动不已。他明白前两次战斗的胜利，主要是依靠这种热情，英军则是吃了麻痹轻敌的亏。视察归来，华盛顿确信当务之急是迅速认真整顿大陆军，然后才可以采取军事行动。

华盛顿的整顿措施从以下几个方面入手：

第一，是统一全军建制。民兵们来自四面八方，从现在起他们已经是一支属于全北美的军队了。他把全军整编成若干个线式团队，每团由来自同一个殖民地的官兵组成。各级军官佩戴明显的区别标志。每天晨祷之后，定为宣读司令部命令的时间。

第二，严肃军纪。华盛顿制定了一系列规章制度，要求官兵必须做到军容整洁，严守纪律，令行禁止，并熟悉自己的岗位职责。士兵要服从长官的指挥，军官应当忠于职守。严禁奸淫妇女、抢劫财物；凡违犯军规或扰乱社会治安者，视情节轻重处以禁闭、鞭笞、直至开除军籍。士兵的住所，规定每天扫除一次。同时要求军官关心属下士兵的生活，要成立军营厨房，改善膳食。

第三，加强后勤保障。华盛顿不断向大陆会议汇报反映，向各殖民地领导人呼吁，请求尽快给部队供应急需的武器弹药、粮食和一万套军装。在他的催促下，大陆会议陆续成立了一整套后勤供应机构。与此同时，派出小部队四处收集粮食、物资，组织士兵中的工匠就地取材，制造子弹和大炮，以解燃眉之急。

第四，注意内部团结。要把13个殖民地的民兵，从建制和思想上凝结成一个整体。这位总司令还注重提拔新人，唯德才是举，决不搞狭隘地方主义。分配物资或战利品时，尽量一视同仁，分得公平合理，彻底打破地域观念。有功必褒奖，过失定处罚，赏罚分明，令部下心悦诚服。

第五，调整军事部署。华盛顿刚刚上任就发现兵力部署极不科学。战线拉得过长，1万多人马分散在八九里长的弧形线上，中间暴露出许多薄弱环节，此乃兵家之大忌。

因此果断决定，将部队分为三个大部分：

左翼军由查尔斯·李少将率领，驻守冬令山和展望山；

右翼归沃德少将指挥，驻守罗克斯伯里的几处高地；

中路军由普南特少将节制，驻守剑桥。

三支部队相对集中，防区责任明确，进可以合击，退能够联防。

经过一段时间的整顿，大陆军的面貌确实大为改观。官兵们士气高昂，求战心切。华盛顿觉得，现在是出击英军，收复波士顿的大好时机。

在这些日子里，华盛顿和英军主将盖奇之间，有几次书信来往。盖奇的态度非常傲慢无礼，复信中声称："依照国家法律本应将你方俘虏处以绞刑；迄今为止都受到关怀备至的待遇。伤员住在医院里，比英王的士兵还要舒服。至于对军官和士兵不加区别对待，那是事实，因为我不承认任何非英王授予的军阶。"接着他倒打一耙，说他获得情报证实，被叛军俘虏的英王忠实臣民受了虐待。被迫像黑人奴隶一样做苦工，否则只有活活饿死。

华盛顿不屑于无赖式的谩骂，再次去信义正词严地予以反驳：

究竟谁最配得上叛军的称号并应处以绞刑？是被迫拿起武器来保卫自己的妻子儿女和财产的我方正直公民呢？还是那些不法统治、贪婪和报复的残忍工具呢？

关于军阶问题，靠人民的选举而获得的军阶，是最光荣的；因为人民的遴选，是一切权力的最纯洁的来源。

最后，华盛顿表示这种没有效果的通信不再继续。并正告盖奇，如果今后英方被俘人员受到严厉对待的话，其原因只好问你们自己了。

上述信件中所阐发的观点，就是华盛顿以大陆军总司令身份发表的宣言。这篇宣言所提出的原则，可说是用笔杆子竖立起的同时在用枪杆子维护的旗帜。

# 收复波士顿

1776年元旦，大陆军司令部上空升起了第一面红白相间、饰有13条横杠的旗帜。它象征着13个殖民地团结战斗，争取权利和自由。后来在这面旗帜图案基础上，左上角多了一块蓝底白五角星，星数与美国的州数目相等，成为美利坚合众国国旗。

华盛顿审时度势，在2月16日再次向军事委员会提出作战计划。他强调，大陆军现有9000人能投入战斗，还有1500人的后备队，应该利用水面冰冻，敌人军舰不能移动的时机，是进攻英国占领军的最佳机会。

这次军事委员会经过慎重考虑，原则同意华盛顿的计划，并做了一些调整：此役宜以抢占波士顿城南面的道切斯特高地为目标。这个高地处于两军火力所及的中间地带。占领它便可用火力控制波士顿城区及港口，迫使英军撤出波士顿，或使其冒险出城作战，可收到事半功倍之效果。

大陆军与英军在波士顿的对峙，不仅是武力之争，也是思维方式与不同社会组织之争，就是由上而下阶级分明的威权体系，与由下而上多元平等的民主体系之争。

英军因为阶级上下分明，结果三位将军都屈从爵位、地位最高的将军，否决了柯林顿将军正确的作战方案，因而遭受了惨重损失。

后来，柯林顿将军又提出一个重要建议。他考查了波士顿附近，认为南方的多切斯特高地威胁最大，若是大陆军在其上筑垒放置炮兵，将能控制波士顿附近的海面，导致英军被迫撤守，应该先主动出兵拿下。

但是，此时正当邦克丘战役之后，英军人人害怕邦克丘失败重演，于是人微言轻的柯林顿将军提案再度遭到无视。

波士顿城内的保王党，身为地头蛇，也深知多切斯特高地的重要性，屡次跟英军高层建议应先拿下多切斯特高地。但是，连柯林顿将军都人微言轻了，英军又怎么可能会听来自民间的意见呢？于是，英军各层级只是对这些保王党打哈哈，说他们自有万全对策，要保王党不必担心。

令英军烦恼的是更高层次的问题，那就是有制海权的英军应该选择水道纵横的纽约为主攻，而非困守在被陆地包围的波士顿。英国方面的郝将军位高权重，但是在英国严格的层层阶级体系下，他也不能擅作主张，只能把提案往大西洋的另一端送，等到英国国王批准，命令再送回来，已经是冬天了，于是郝将军只能准备过冬，等春天再出发。

而老是与郝将军唱反调的柯林顿将军，在1月也奉命离开，率一只别动部队往南行动。柯林顿将军十分愿意离开郝将军，而在他离开后，就更没有人会向郝将军献上逆耳忠言了。

大陆军总司令华盛顿采纳了许多合理建议，积极进行战役准备。1776年初，华盛顿以大军包围了波士顿，占领了道切斯特高地，用大炮控制了城区和港口。

华盛顿的部队也在辛苦地过冬，但是他却与郝将军完全相反，他急于想发动一场攻势。他从心底不信任手下那批连基本纪律都没有的民兵，他一直觉得再这样待下去，民兵不是因为太不

▲美国国旗

卫生全挂病号，就是会自己瓦解，因此，他急于行动。

严寒的冬天让波士顿附近海面开始结冰，让华盛顿觉得是大好机会，若冰层结得够厚，他可以越过冰层突袭波士顿。

华盛顿对这个想法热衷到看不清事实，他以训练未成的民兵，奇缺的火药，进攻防御工事严密的波士顿城市，必然遭到全军覆没的下场。若是他真的这么做了，大陆军将不复存在，邦克丘以来的独立大业也将化为泡影。

大陆军方面的格林将军当时正因黄疸重病，他听到华盛顿的想法时，担心的不得了，他认为即便成功了，后果也不堪设想，很可能如英军在邦克丘上的惨胜一样。如果失败了，后果更不堪设想。

但是，大陆军的文化与英军完全不同，民兵的军官都是民兵自己选出来的，因此，大陆军自创立起就有由下而上的民主文化。这就带来一些问题，如果华盛顿发现很难贯彻军纪，但在此时，民主就会展现出她巨大的优势。

身为一个如此民主体系下的指挥官，华盛顿也秉持着民主的精神决定战术，他不像英军郝将军一样专断独行，而是请来高阶军官，召开军事会议，在会议上提案讨论。

但是，大陆军高级军官们不像英军的盖吉与伯哥因将军那样对位高权重的人无条件支持，反而是人人坚持认为华盛顿的馊主意不可行。

华盛顿连开四次军事会议，每次提案都被否决。但是，他没有做出自杀式攻击的愚行。事后抱怨他的麾下军官竟然认为华盛顿的计划太危险。但华盛顿也很有风度的认为，或许是他受不了当时的处境，以致于行事流于鲁莽。

在第四次军事会议中，高层将领的决议是，大陆军应占领一个重要战略要地，以吸引英军来抢夺，这样可以重现邦克丘胜利之役。特别是如今有了火炮，这个决议就能执行了。

不过，华盛顿又碰到另一个困难，严冬让大地封冻，多切斯特高地上的土壤，此时冻得比石头还硬，根本无法挖掘工事。这时，又是由下而上的意见发挥了神助，以色列·普特南将军的侄子鲁法思·普特南，只是个中校，他无意间在书上翻到一个新概念：事先组好框架，搬到定位后，塞满干草与柴堆，就能迅雷不及掩耳的盖起防御工事。

鲁法思·普特南并不需要透过普特南将军转达意见，他直接向上级提议，他的长官立即把他的意见转告给了华盛顿后，华盛顿立即采纳了，并且又提出了合理的办法，要士兵在大桶子里装满土，放在工事前，以增加防护，还能推下去砸伤敌军。

大陆军忙碌了起来，华盛顿密集筹备一切，他们的行动很快就传到保王党的耳中，保王党再度向英军警告“叛军”打算从多切斯特高地炮击波士顿，但是英军嗤之以鼻，再度保证有万全的对策，毫不在意的把保王党打发走。

三月四日，大陆军准备就绪，在炮火掩护下连夜行动，把大炮与组好的框架搬上山，隔天正是波士顿大屠杀的六周年，当英军一觉醒来，赫然发现本来空无一物的多切斯特高地上凭空多出一座堡垒，里头还有无数大炮，不仅可居高临下轰击波士顿城内，还能威胁进出的船只。

英军被这种“天降神迹”吓得不知所措，郝将军惊呼：“这些家伙一个晚上竟能完成我部队超过三个月才能完成的事。”讽刺的是，鲁法斯所看的书，其实是英国著作，约翰·穆勒所著的《穆勒野战工事》。郝将军却对此一无所知，不知早有自己人提出这样的新技术。

先前保证的万全对策呢？根本没有对策，郝将军原先命令突击多切斯特高地，但稍后理解那是华盛顿的陷阱，正面进攻拥有大量火炮的阵地，会让英军全军覆没。然而若不拿下多切斯特高地，上头的大炮持续炮轰波士顿，只能打不还手不说，连海军也因为海域在多切斯特高地大炮射程内，不敢再靠近，补给断绝，英军成了瓮中之鳖。

郝将军别无选择，只能全面撤离波士顿。那些相信英军，因而站在英军这方留在城内，又信任英军有万全准备，一定会保护他们的保王党，现在不知该何去何从，留下来是死路一条，但离开波士顿，也代表他们丧失了所有的资产。

决定离开的，只能挤上为数不多的船只，再有地位的人也得跟36个人共用船舱，男男女女，不论老小，有地位的人或是军官情妇，全部被迫像猪仔一样挤在地板上。

决定留下的，则面临“打砸抢”，郝将军严令交出所有可能为“叛军”所用的物资，没收行动很快演变成全面性的抢劫。保王党们身败名裂，一切的罪魁祸首：郝将军，却仍然过着将军的悠闲生活，并且将继续领军与华盛顿作战。

三月十八日，华盛顿骑马进入波士顿巡视，大陆军兵不血刃就收回郝将军原本认为不可能沦陷的波士顿，消息传出，全殖民地简直疯狂，华盛顿成为全民英雄，派恩《常识》中保证美国能战胜英国，更彷佛得到了立即证实，独立运动的士气达到前所未有的最高峰。

在波士顿围困战中，华盛顿领导的大陆军百般诱敌，英军龟缩在工事里不肯出战，每天只胡乱发射大炮轰击。

3月2日，华盛顿召开紧急会议，决定3月4日晚由托马斯将军率领2000名精锐士兵攻占高地；普南特将军派出4000名士兵，攻击波士顿交通要道，以牵制英军主力。

当天晚上，大陆军的炮台开始向城内英军射击，英军不明意图，惊恐万状，仓促应战，以三倍的火力还击。沉寂了多时的战场，骤然枪炮齐发，惊天动地，变成了一片火海。

炮战连续打了两个夜晚，英军对大陆军的意图浑然不觉，只顾发射出更多的炮弹为自己壮胆。到了第三夜，按照华盛顿的命

令，托马斯将军带领800名精兵在前开路，其后是1000人的工程队。利用炮战的烟雾和轰鸣声作掩护，300辆马车排成一字长蛇阵，装载着大批篾筐、草捆和建筑工具，以最快速度向道切斯特高地运动。草捆放置在临近敌人一侧当作掩体，使其不受敌人火力的伤害。

从3月4日20时开始，全体士兵以惊人的毅力，挥动锹镐铲开厚厚的冻土，抢修碉堡工事。

作为总司令，华盛顿本无必要亲自到现场指挥，但他去了，提醒士兵们注意，明天是1776年3月5日，刚好是波士顿惨案六周年纪念日，他号召大家为惨遭英军杀害的同胞报仇。

士兵们干劲大增，争分夺秒挖土砌砖，一夜工夫，两座碉堡突然耸立在高地上。

到3月5日黎明时分，英军将领才发现这一伟大的人间奇迹，一个个惊得目瞪口呆。接任波士顿指挥官的威廉·豪将军，不无感慨地叹息：叛军一个晚上干的工作，比我们全军一个月干的还多。

英军非常清楚，高地丢失就意味着丢失了波士顿战场的优势。英军阵地和海上舰队已完全暴露在大陆军的火力射程之内，随时都可能有炮弹自天而降。他们别无选择：要么不惜一切代价夺回道切斯特高地；要么放弃波士顿城！

当天晚上，英军果然趁大陆军立足未稳，组织反扑，集中全部火器猛烈轰击高地。同时出动多路兵力，水陆并进直扑道切斯特。

说来也怪，突然狂风大作，暴雨倾盆而下，英军夜袭中途受阻。运兵船只无法停靠预定地点，当夜无功而退。

第二天，大雨仍然不停，大陆军反而居高临下，不时用大炮轰击英军阵地，使其无法集结部队发动进攻。大陆军已利用战斗间歇加固了阵地，调配了兵力，英军已失去了反攻的机会。

英国海军司令警告豪将军，道切斯特高地夺不回来，他的军舰就不能久留在港内，否则有被击沉的危险。豪将军最后不得不作出决定：全部英军撤出波士顿！

大陆军停止射击，但未停止继续加固阵地。波士顿城内已呈混乱局面，居民人心惶惶。

3月16日，华盛顿继续增加压力，把阵地向前挤压，连夜修筑一道胸墙。又派人制造假情报，说大陆军打算发起总攻。

其实英军早就想跑，只因风向不利，登船日期一推再推。这下再也不敢拖延了，次日4时，撤退工作在一片混乱中开始。华盛顿命令各部加强戒备，密切注意英军动向。10时左右，人们发现英军和一批铁杆王党分子开始从城内撤向港口码头。

只见双轮运货车、四轮大马车、手推轻便车像蚂蚁搬家似的络绎不绝于道路上，最后都蜂拥挤上海船，争先恐后地驶离了波士顿海港。据目击者称，军舰加上运输船，总共78艘。那些王党

分子，一直迷信大不列颠的威力天下无敌，曾经比英国正规军还要猖狂，做了许多危害乡里同胞的坏事，这时候就像到了世界末日，下海走上逃亡之路。

大陆军目送英军仓皇撤退，没发一枪一炮。豪将军也做好放火的准备，炮声一响立即纵火焚烧波士顿！

进入冬季，马萨诸塞的气候严寒。积雪盈尺，寒风刺骨，交通为之阻塞。大陆军的将士们衣着单薄，弹药、燃料和粮食缺乏，此时真是困难重重。

波士顿艰苦的围困战从上一年的7月份开始，已经有九个月的时间了。现在波士顿像一个熟透的苹果，终于落到人民手中。

华盛顿抑制不住兴奋写道："豪将军撤退如此之快，超过了我的想象。"不过他依然保持清醒的头脑，豪将军虽然被迫放弃了波士顿，但其实力未受到大的损失。他预见到豪将军很可能率领舰队转移向纽约港，遂决定马上派部分军队去增强纽约的防务。

第二天，华盛顿率领大陆军列队进入波士顿城。全城人民欢欣鼓舞，如庆祝盛大节日般夹道欢迎自己的军队。一时间，到处传颂着这次奇迹般的胜利，华盛顿成为举国歌颂的英雄。

波士顿的光复，其政治意义和心理影响远远超过了它的军事价值。北美殖民地的军民以弱胜强，英军不可战胜的神话已成昨日黄花。

## 为独立宣言欢呼

从列克星敦打响了武装反抗的第一枪以来，尤其是第二次大陆会议以来，北美人民的反英武装斗争的热情日益高涨起来。就在波士顿战役进行期间，北美其他地区的人民群众也纷纷拿起武器，与英国军队和亲英分子展开了殊死的战斗。

在南部战场，南卡罗来纳民兵在莫尔桥战役中痛歼效忠派武装，并把企图攻占查尔斯顿港口的英国舰队赶走。在加拿大战场，由理查德·蒙哥马利和本尼狄克特·阿诺德率领的北美军队孤军奋战，给英军以重创。虽然最终因寡不敌众而严重受挫，蒙哥马利将军也英勇阵亡，但他们的行动牵制住了相当一部分英军主力，有力地援助了其他地区的反英战争。

随着武装斗争热情的高涨，战争席卷了北美，但是北美人民的抗战目的是什么，被明确地摆到了北美人民面前。

北美大多数革命领袖当时认为，北美采取种种经济和军事的

手段与英国当局作斗争，其目的仅仅是迫使他们放弃对殖民地的压迫性政策。而一旦达到了这一目的，北美就应放下武器，与英国破镜重圆。

北美各地的群众也抱大致相同的看法，他们仍然认为英国是自己的祖国，自己是大英帝国的臣民。他们积极参加了反英武装斗争，只是希望以这种方式迫使英国作出让步，使北美恢复到1763年以前的小康局面。

因此，在当时北美大多数人的眼中，独立与叛国和大逆不道几乎没有什么两样。即使个别激进分子有独立的思想，他们也不得不三缄其口，否则便会使自己处于尴尬的境地。就连激进派领袖约翰·亚当斯当时也认为："在人们眼中，独立是一个可怕的妖魔，它会使温厚的人变得发狂，使社会滋生出罪恶、欲念和混乱。"

在这一问题上，华盛顿当时的观点也未能超越他的同代人。他主张北美人民应为正义而战，迫使英国当局改弦更张，尊重北美人民的权利和自由。他还认为，英王是一个宽厚仁慈的君主，应该由他出面，纠正英国内阁所犯下的罪行。因此，在1776年初，在每次晚餐之前，华盛顿总是虔诚地为英国国王的健康而干杯。

但是，随后的形势发生了急剧变化。英国国王乔治三世三番五次地拒绝了北美人民要求和解的请愿书，并蛮横地宣布：北美处于叛乱状态。他还一再扬言：要绞死殖民地的每一个叛乱首领！

秉承英王的旨意，英国政府调兵遣将，把几万名精锐部队运往北美洲，对人民抗英运动进行残酷地镇压。事实证明：英国国王决心要用屠刀把北美人民的斗争扼杀在血泊中。北美人民开始越来越清楚地认识到了这一点。

英军的血腥镇压必将激起更大规模的反抗。华盛顿统率的大陆军和各路民兵武装浴血抗敌，愈战愈勇。各个地区的爱国者也纷纷行动起来，他们推翻了顽固反动的总督及其地方议会，建立起新的革命议会和地方政权，并开始有效地履行职责。革命议会

▲华盛顿宣读“独立宣言”

和地方政权已经牢牢地控制了11个殖民地。英国在北美殖民统治的根基彻底动摇了，北美人民的独立意识已经越来越强烈了。

在一片要求独立的呼声中，大陆会议于1776年6月10日召开，选举产生了一个五人委员会，负责起草关于宣布独立的文件。7月4日，大陆会议正式批准了由托马斯·杰斐逊起草的《独立宣言》。顷刻间，弗吉尼亚议会大厦上响起了悠扬而庄严的钟声，它向全世界郑重宣告：一个伟大的国家从此独立了！当《独立宣言》发表时，长达八年的反对英国殖民统治的“美国革命”才刚刚开始一年，叫作“美国”的这个国家仅仅还是个概念的存在。

在《独立宣言》中，杰斐逊以气势磅礴的手笔高度地总结了欧洲启蒙运动的政治哲学，阐明了资产阶级民主主义的重要原则。《独立宣言》中写道：

> 我们认为下面这些真理是不言而喻的：人人生而平等，他们都被造物主赋予了某些不可转让的权利，其中包括生命权、自由权和追求幸福的权利。
>
> 为了保障这些权利，人类才在他们之间建立政府，而政府之正当权力则来自被统治者的同意。如果遇有任何一种形式的政府损害了这些目的，那么，人民就有权利改变它或废除它，以建立新的政府。

《独立宣言》以确凿的事实列举了英王乔治三世压迫北美人民的二十八条严重罪行，并一针见血地指出，乔治三世的目的是想把北美人民置于他的绝对专制的暴政之下，英王政府已经变成了人民的压迫者，因为它侵犯了北美人民的基本权利。

基于上述分析，《独立宣言》最后向全世界宣告："这些联合一致的殖民地从此成为、并依照公理也应该成为自由独立的合众国。"《独立宣言》宣布取消对英王效忠的义务，全部断绝与英国的一切政治关系。

《独立宣言》是资产阶级革命时期一篇重要的历史文献。它是反抗殖民统治和封建压迫的宣言，在政治上起了极大的动员鼓舞作用，并成为后来法国资产阶级革命期间所发表的《人权宣言》的蓝本。

纽约顿时沸腾起来。狂热的市民涌上街头，推倒了乔治三世的铅像，要用它来制造子弹保卫独立事业。

马克思曾说，《独立宣言》是"第一个人权宣言"。

在大陆会议讨论宣布独立这一大事的日子里，华盛顿怀着一种急切的心情密切地注视着会议的进展情况。

他是多么渴望早日发表有关独立的文件来争取有利的形势啊！7月9日，华盛顿接到《独立宣言》的正式文本后，仍显得异常激动。根据他的命令，当天晚间便向全军宣读了这一伟大的历史性文件。

华盛顿慷慨陈词：

> 自由的精神在我们的心里沸腾起来了，我们不能屈服做奴隶，假如除了奴役我们，什么也不能使暴君和他的恶魔似的大臣感到满足的话，那么，我们就决心和这样一个不公平和不人道的国家断绝一切关系。

兴奋之余，华盛顿以一种预言家的口吻告诉将士们：

> 《独立宣言》将进一步推动每一位军官和士兵以忠诚和勇敢来行动，领悟到现在在上帝的统辖下，他们的国家的和平与安全将完全取决于他们手中武器的胜利。

美国《独立宣言》的产生有其深远的历史背景和伟大的现实意义。远在独立前的一百多年间，欧洲启蒙思想就开始在北美大地传播，为《独立宣言》的诞生奠定了理论基础。

在欧洲启蒙思想的熏陶下，北美殖民地也产生了自己的启蒙思想家，代表人物是本杰明·富兰克林和托马斯·杰斐逊。他们反对奴隶制，主张人民享有自由、平等的权利。

“没有代表权，就不得征税”，这是独立战争期间北美殖民地人民喊出的最为响亮的口号。这句口号原本是英国政治的基本原则，英国贵族与王室的斗争中曾使用过，但独立战争期间被殖民者用来捍卫自己的权利。

英国议会对殖民地不断征税，但在议会中却没有殖民地的代表。英国议会分别颁布《糖税法》、《印花税法》和《汤森税法》，引发了殖民地人民的反抗。

英军对殖民地人民的抗议活动实行残酷血腥镇压，制造了轰动一时的“波士顿惨案”。1773年，英国议会颁布《茶税法》，波士顿市民一怒之下，把价值近10万英镑的英国茶叶倒入了查尔斯河。

英国议会大怒，通过了一系列被殖民地视为不可容忍的法令。英王对北美人民反抗的血腥镇压，使殖民地人民与英国王室和解的幻想彻底破灭，“要求独立”成为北美殖民地人民的普遍呼声。1776年，著名知识分子潘恩的《常识》在北美发表。在这本不到50页的小册子中，潘恩以简练而生动的语言准确地回答了北美殖民地人民所关心的问题，并从一个全新角度指出了北美殖民地独立的必要性。

潘恩呼吁，殖民地人民必须与英国一刀两断，建立自己的共和国。他强调真正的权力必须而且只有来源于人民。潘恩的思想代表了美国革命中激进派的主张。他的理论激励了更多的北美殖民地人民，特别是中下阶层的人民，坚定地投身于独立战争。

《独立宣言》是一个伟大的政治文件。《独立宣言》虽然是北美殖民地上层讨论的结果，但却代表了广大殖民地人民的心声。它在人类历史上第一次以政治纲领的形式提出了如下原则：

> 人人生而平等，人具有不可剥夺的生命、自由和追求幸福的权利，以及政府必须经人民的同意而组成，政府应为人民幸福和保障人民权利而存在，人民有权起来革命以推翻不履行职责的政府。

这些原则成为以后美国的价值观念和意识形态，为美国此后200多年的发展奠定了思想基础。这大大鼓舞了北美人民的革命斗志，为实现独立的崇高目标而英勇奋斗。它也直接影响了法国大革命，是1789年法国《人权宣言》的范本。对亚洲、拉丁美洲的民族独立运动也起到了一定的推动作用。

## 率部队从长岛突围

《独立宣言》是自由者之魂！但是，一切墨写的自由和独立都必须用鲜血捍卫。现在虽然收复了波士顿，但并未给予英军主力以重大的打击。力量对比依然英强美弱，而且差距十分悬殊。由于华盛顿认识到自己的军队明显弱于敌军，所以除非万不得已，华盛顿是决不会轻易冒险的。

就在北美殖民地的人们为《独立宣言》的发表欢呼雀跃，为美国的独立而英勇作战的时候，1776年8月，一百多艘战舰载着三万英军逼近了纽约。

此时，大陆军和民兵在纽约的总兵力只有1.7万人。华盛顿没等纽约州议会行动便果断发布公告，劝导居民尽快疏散，司令部所有军官家眷也被远远送走。

在当时，从各方面传来的消息都使华盛顿担心，敌人的意图可能是要派一部分部队在长岛登陆，设法夺取俯瞰纽约的布鲁克

林高地，同时派另一部分部队在纽约北面登陆。因此，毫无经验的美军需要保卫许多互不相连、彼此相距很远的据点以及这些据点之间的广大区域，抗击一支纪律良好、拥有水陆作战的一切便利条件的优势军队。

格林将军率领一支有力部队驻扎在布鲁克林。他已经察看了长岛上从赫尔门到纳罗斯海峡的所有地点，并据此制订了防御计划。他的军队正在按照他的设计努力修筑工事。这些工事距布鲁克林镇约一里，面对着长岛的内地。英军很有可能从那里发动陆上进攻。

布鲁克林在纽约正对面，这里有一道由堑壕和坚强的堡垒组成的防线。为了保护这些工事的后方不受敌舰的侵犯，在半岛西南角的红角建立了一个炮台，并在几乎正对面的总督岛建了一个碉堡。占领这条山脉和保护它的各条通道的规划本来是格林将军制定的，但是，不幸，就在他苦心操劳的时候，他发起高烧来，卧床不起，只好由刚刚从香普兰湖返回的沙利文将军代行指挥任务。

华盛顿看出，要防止敌人在长岛登陆是不可能的，因为长岛地域广，许多地方便于登陆，而美国的工事又修筑在和纽约遥遥相对地段。他写信给大陆会议主席，建议尽量设法对敌人进行骚扰。

华盛顿担心敌人企图以急行军偷袭布鲁克林的防线。他立即派了六个营援军前去。他最多也只能抽六个营前去增援，因为随着下一次涨潮，敌人军舰很有可能把剩下的陆军运来，进攻纽约市。然而他还是命令另外五个营做好准备，在必要时前去增援。

他勉励前往布鲁克林的军队说："要冷静，但要坚定。不要老远就开火，要等待军官的命令。"将军的明确命令是："如果有人逃避职责，躺倒不干，或是擅自退却，就立即枪毙，以儆效尤。"这些人大多数是初次上疆场。华盛顿对他们作了公正的评论，说"他们出发时都是高高兴兴的"。

有9000名敌军带着40门大炮登上岸来，亨利·克林顿爵士担负主要指挥职责。由于敌军登陆时没有遇到抵抗，他们便分兵两路。康沃利斯勋爵率领的两营轻步兵，多诺普上校的黑森军以及六门野炮迅速向弗拉特布什挺进，企图夺取通过山脉的中央通道。其余的军队部署在从纳罗斯海峡的渡口起，经尤特勤克特和格雷夫森德，直到弗拉特兰镇一线。

敌人的目的显然是突破布鲁克林的防线，占据高地。如果他们的意图得逞，纽约就要听凭他们摆布了。纽约居民的惊慌和焦虑继续有增无减。有办法的人大多数都搬到乡下去了。

华盛顿渡河来到布鲁克林，视察防线，观察附近形势。他在这次视察中深深感到，格林将军不在场，实在叫人遗憾，因为没有人来说明他的计划和指明各个地点。

美军的前沿据点都在林木茂盛的山中。汉德上校率领他的步

枪团监视着中央通道，同时在这条道路前面已经筑起了一个坚强的堡垒，以阻止敌人从弗拉特布什推进，另一条道路由弗拉特布什通到贝德福。敌人可能经由这条道路迂回到布鲁克林的工事的左侧。

有两个团防守这条道路。一个团由威廉斯上校指挥，驻在山岭的北面，另一个团是迈尔斯上校指挥的宾夕法尼亚步枪团，驻在山岭的南面。敌人则部署在一系列山岭那边的乡间。到此时为止，除了前哨阵地之间的小接触和零星的射击以外，还没有发生任何战斗。

华盛顿看到部队中普遍存在着杂乱无章的混乱现象，内心深感不安。因此，他一回到纽约，就把长岛的指挥权交给普特南将军，不过他在指示信中提醒普特南要把军官们召集到一起，责成他们杜绝他在军队中看到的无组织无纪律的现象。

华盛顿还指示，要在军营周围建立防线，在地形最有利的地方修筑工事。要在防线上派兵守卫，由一名当班的准将经常检查，监督命令的执行，校级军官要到各处查岗查哨，报告卫兵执勤情况。

任何人没有特别许可证不得越过防线。同时，由适当的军官率领并经过正式批准，可以派出游击队和侦察队出击，以袭扰敌人并防止他们掳走乡村人民的马匹和牛。

华盛顿还要普特南特别注意美军防御工事和敌人营地之间的

树木茂密的山岭。穿过山岭的几条道路要布设鹿砦，并派最精锐的军队防守。这支军队应当不顾任何危险阻止敌军靠近。民兵没有受到多少训练，也没有多少经验，可以守卫内地的工事。

在这段时间里，敌人不断地在长岛上增加兵力。德海斯特中将指挥的两个黑森旅被调离斯塔腾岛。这一调动没有逃过华盛顿警惕的眼睛。他借助望远镜注意到，不时有人把斯塔腾岛上的帐篷拆掉，把营地的一部分设施拆除，同时一艘接一艘的军舰起锚驶向纳罗斯海峡。

华盛顿这时断定，敌人即将用主力发动进攻，夺取布鲁克林高地。为此，他增派了援军，其中有约翰·哈斯利特上校指挥的装备精良、纪律严明的特拉华团。华盛顿对这支部队特别满意，他把这个团拨归斯拉林勋爵的旅。

华盛顿在副官长里德陪同下，过河到布鲁克林去。华盛顿整天待在前方，帮助普特南出主意。普特南刚刚到任，还不熟悉防线那边的据点。晚上，华盛顿返回纽约，忧心忡忡。

一场总攻击显然马上就要开始了。这是一个焦虑不安之夜。因为就在这个晚上，敌方把英军总司令郝将军制订的一项给美国人带来灾难的计划付诸实施了：亨利·克林顿爵士要在夜间率领由精兵组成的先锋部队通过迂回行军，攻取贝德福山中的一条通道，从而绕过美军前哨阵地的左侧。正是为了准备这次夜间进军，克林顿爵士才在白天率领他的部队从弗拉特布什退回到弗拉

特兰，来来往往调动频繁，以致引起华盛顿的注意。

午夜时分，在朦胧的夜色中，敌军前头部分已经开始出现。艾特利的民兵在敌人接近时向他们射击了两三阵子，然后退到斯特林勋爵左侧的树林里，摆好阵势。

天色已经大亮。一阵“嗒嗒嗒”的射击声在英国轻步兵和美国步枪团队之间响起了。战斗持续了约两个小时，后来，英国军队撤退到他们的主力部队那里。

在这段时间里，纽约陷入恐怖之中。清晨，纽约市民听到了滑膛枪的齐射声和大炮的隆隆声，知道战斗已经开始了。到了上午，人们听到四面八方都是步枪齐射声，偶尔还有野炮的射击声，就更加惶恐不安了。这是不是把纽约囊括在内的总进攻的一部分，华盛顿仍然拿不准。

敌人的五艘巨型军舰正在风浪中奋勇前进，想要深入海湾。敌舰是打算炮轰纽约呢？还是要在纽约北面登陆呢？值得庆幸的是，一股强大的顶头风挫败了他们的一切企图。

华盛顿看到敌人不大可能立即进攻纽约，就急忙乘坐渡船过河到布鲁克林，驶往防御工事一带视察。

华盛顿到了那里，正好赶上目击美军的一场大灾难。敌军当初的一切调动都是为了达到这个目的。他从克林顿爵士部队的大炮声中已经明白了不幸的事实真相；敌人已经迂回包抄了他的侧翼，他已经有陷入敌人包围的危险了。他下令向后撤到防线上，但已经为时过晚了。他刚从高地上撤下来进入平原，就遇上了英国的轻步兵和龙骑兵，因此被驱回树林中。

这时候，德海斯特率领的黑森部队已经来到。从此开始了一场混乱、惊恐和屠杀的局面，把威廉斯和迈尔斯指挥的部队卷入其中。美国军队被团团围住，陷入英国部队和黑森部队的夹击之中，被赶过来，赶过去。

有一段时间，美军展开了英勇的搏斗，说得更准确一些，是拼死的搏斗。有一些人被砍倒了，叫骑兵践踏在脚下，还有一些人被黑森兵用刺刀活活刺死。很多人不是阵亡就是被俘。

华盛顿目击这场大灾难却无力制止。他听到了树林中战斗的喧嚣声，看到了浓烟从树丛中升起，但是源源不断的敌军队伍正在从左边山上杀下来。他的最精锐的部队已经全部投入战斗。他手头除了民兵以外没有军队来防守工事。这时他想起了斯特林勋爵和他的部队，对他们的安全深感忧虑。

斯特林的部队整个上午都在同格兰特将军互相炮击。虽然这些英勇的士兵看不到他们面临着什么危险，华盛顿却看到了这种危险。他站在防线内一座山头上，用望远镜瞭望，对整个战场的情况都了如指掌。他看到康沃利斯率领的敌军后备队正在沿一条岔路开过来绕到他们的背后，使他们陷入两面火力的夹攻之中。他看到这种结果，焦虑万分。

站在山上的华盛顿和他左右的一些军官注意到这一切情况。

他们原以为斯特林和他的部队在发现局面无可挽回以后，会不放一枪，集体投降。事实恰恰相反，斯特林勋爵用斯莫尔伍德团的一半兵力勇敢地向康沃利斯发起进攻，他的其余部队则越过小河，继续退却。华盛顿看到这种景象，不禁绞扭双手，痛苦万分，他喊道，“天啊！我今天要损失一些多么勇敢的弟兄啊！”

敌人集合到一起，以更大的兵力重新投入战斗。美国人奋勇作战。他们在队伍被打散以后，又在一片树林中集合起来，发动了第二次进攻。可是他们又一次因为众寡悬殊而遭到失败。有一些人被围在一块玉米地里遭到刺刀的屠杀。还有一些人加入到正在越过一片沼泽地带撤退的自己队伍中。斯特林勋爵以自己的声音和榜样鼓舞和激励着他手下的年轻士兵。但是，在一切都完了以后，他就找到德海斯特将军，向他举手投降，当了战俘。

在战斗结束以后，当天夜晚对于美国军队来说是一个疲乏不堪、可是几乎又无法安眠的夜晚。他们疲惫、沮丧。许多人病倒了，受了伤。大多数人都没有帐篷或其他藏身之所。对华盛顿来说，这是一个焦虑不眠之夜。一切迹象都预示一场短兵相接、殊死拼杀的战斗即将来临。

一清早，米夫林将军带着驻在华盛顿和国王大桥的一部分军队来到营地。他带来的是希伊的精锐的费城团和马戈的宾夕法尼亚团。这两个团都有严明的纪律，配备有得力的军官，习惯于联合作战。不过，由于病号多，人数大大减少，总共不过800人。

同米夫林一起来到的还有格洛弗上校指挥的马萨诸塞团，这个团主要由马布尔黑德的渔民和水手组成。他们体格健壮，做事干练，能吃苦耐劳，穿着整洁的蓝色夹克衫和长裤。这支部队总共约有1300人，全部生气勃勃，精神抖擞。看到他们步伐矫健、神情愉快地列队轻快地走过，人人眼睛里都现出欣喜之色。他们被部署在防御工事的极左翼，靠近沃拉鲍特湾。

浓雾笼罩了长岛，一切都陷入神秘莫测之中。上午，米夫林将军带着副官长里德和华盛顿的随从副官弗吉尼亚的格雷森上校，骑马来到红角附近的西部前哨阵地。他们对这种很可能出现的危险局面感到惊恐，赶紧策马返回司令部，准备提出把美军立即撤走的主张。

华盛顿立即召集了一次军事会议。这时，军队疲惫不堪，情绪低落，天气十分恶劣，工事又分布在如此广阔的地面，坚守阵地的困难本来就很明显。现在又出现了新的危险。考虑到这种种情况，会议决定当晚就命令军队渡河撤到纽约。

这次突围比任何一次撤退都更加要求严格保密和周密安排。因为这几千名军队需要带着全部武器弹药，从一支胜利的敌军面前撤走。这离敌军的营地近在咫尺，连他们战壕里铁锹和镐头的每一声响动都听得清清楚楚。此外，撤退的军队还要乘船渡过一条有四分之三里宽、水流又十分湍急的海峡。只要他们在行动中露出一点惊慌失措的样子，敌人都会向他们猛扑过来，在登船地

点造成一片混乱和杀戮的可怕景象。

华盛顿把准备工作做得非常精细而又十分机密。他向担任军需长官的休斯上校发出口头命令，责成他在哈得孙河的斯皮登杜伊维到海峡的赫尔门一带征用一切大小船只，并要求这些船只在傍晚时分驶到纽约市东侧。这项命令在中午发出，立即付诸执行。

按照华盛顿的撤退计划，为了不让敌人在美军主力登上船只并驶离海岸以前发现美军的撤退，米夫林将军要带着他手下的宾夕法尼亚军队以及哈斯利特、斯莫尔伍德和汉德三个团的英勇善战的残部留在防线上，照常布设岗哨，守卫警戒，好像没有发生任何不平常的情况似的。

在主力登船完毕以后，他们自己也就悄悄撤退，立即开往渡口登船。万一出现打乱这种安排的意外情况，布鲁克林教堂就是集合地点。大家都应赶赴教堂以便协力抵抗任何进攻。

在这期间，部队在华盛顿警惕的眼光监视下尽快登上渡船。华盛顿亲自站在渡口，监督着每一个行动。他急于迅速完成撤退，派了他的随从副官斯卡梅尔上校回去催促所有还在途中的军队加快步伐。

斯卡梅尔在执行这项使命时犯了一个大错误，给米夫林也下了这道命令。米夫林将军听到命令以后立即召集哨兵和站岗的士兵回营，动身前往渡口。

这时潮流已经转向了，东北风强劲地刮着。木桨船数量太少不够军队使用，帆船又无法顶风逆流前进，渡口的情况有些混乱。正在这个当口，米夫林将军带着全部掩护部队来到，使局面更加困难，人声更加嘈杂。

华盛顿喊道："天啊！米夫林将军！你这样毫无道理地撤下防线上的军队，恐怕把我们都毁啦！"

米夫林有点不快地回答说："我是奉你的命令撤退的。"

华盛顿叫道："不可能！"

米夫林直率地还口说："我确确实实是按你的命令撤退的！斯卡梅尔不是今天的值班的副官吗？是不是这样？"

"是的。"

米夫林说："我就是从他那里接到命令的。"

华盛顿回答说："这是一个可怕的错误。如果这批军队不能在敌人发现以前重新回到防线，后果不堪设想。"

米夫林又把他的部队带回防线。防线上空无一人已经历时三刻钟。幸亏，由于大雾，敌人没有能发现防线无人防守。

在整个这段时间里，浓雾都在笼罩着长岛。美军撤退时在河道的纽约一侧，却是万里晴空。全部军队、大炮、弹药、粮草、牛群、马匹和马车都顺利地登上了船，到天明时，大部分都安全地到达纽约。除了几门重炮之外，几乎没有把什么东西遗弃给敌人。米夫林也在适当时刻率领掩护部队撤离防线，悄然无声地撤到了渡口。

有人一再恳请华盛顿上船过河，但是他坚决不肯。直到所有的军队都登上了船，他才乘最后一艘船渡过河去。

华盛顿在军队安然摆脱危险处境以前的48小时里，几乎没有合过眼，而且大半时间是在马上度过的。

对于一个军事指挥官来说，不但要能攻善守，而且还要善于撤退。能将数千人马的大部队，从敌人眼皮底下撤走，其非凡之处堪与半夜在班克山修筑工事的奇迹相媲美。

# 组织纽约大撤退

部队虽安全从长岛突围，但长岛弃守却使纽约失去天然屏障，全市区完全暴露在英军的火力射程之下。城内居民人心惶惶，部队状况令人担忧。士兵们虎口余生，一个个情绪低落，成连成团地开小差逃跑回家。

肩负守城职责的华盛顿，心情万分焦虑。回到纽约的第二天，便以信件形式向大陆会议作了汇报：

我们的处境极其艰难。由于我军在上月27日失利，许多士兵情绪低落，悲观失望。他们不仅不奋力抗敌以挽回损失，反而心灰意懒，不听调遣，急于回家。很多人已走掉了。我不得不承认对统率这支军队已缺乏信心。如果我们的自由不是用一支永久性的常备军去保卫，那么我们的自由会处于危险的境地。

目前最大的问题是大陆军何去何从，是死守纽约，或是果断地实行战略转移？

这时的华盛顿，率领军队据守在曼哈顿高地上，对长岛战役的失败进行了深刻的反思。他洞察到面前的形势非常严峻，在9月7日召开的军事委员会上，他指出："敌人在我们的后面占领阵地，而用军舰控制正面，其目的是要把我们围困在纽约岛上。切断我们和大陆的联系，迫使我们同他们进行决战，要么无条件投降。"因此，他主张避免同英军决战，保存有生力量，利用北美辽阔的幅员与敌军长期周旋。他提出了一个完整的、成熟的战略构想："坚持防御战，任何情况下都应该避免采取大规模行动。"

华盛顿力排众议，马上发布命令，组织部队从纽约大撤退，运走所有军需物资。

这时英军已开始缩小包围圈，一步步向纽约城进逼。9月13日，分别装有40门和2门大炮的2艘军舰沿东河而上。发射的排炮落在美军人群中爆炸，有一颗炮弹甚至就落在距华盛顿2米远处。

9月14日，美军撤至"国王大桥"。此桥跨过斯皮登杜伊维河，是曼哈顿岛通向大陆的唯一桥梁。这里突然遭到英军地面部队的截击，炮火猛烈，美方牺牲数十人，部队一度出现混乱。华盛顿亲自在前沿沉着指挥，稳定军心，终于打退前方之敌，他决定放弃纽约北郊的阵地，加快撤退速度，且战且走。

这是美国建国历史上的第一次战略大转移。前途茫茫，吉凶难料，后有数万追兵，而自己内部又士气懊丧，军心不稳。服役到期的士兵急于回家团聚，不愿卖命作战。

开小差者日甚一日，部队大量减员。令华盛顿感到迷惑的是，数量和质量占尽优势的英军没有穷追猛打，一天又一天地留在原地休息，战局显得扑朔迷离，而且英军司令官遣使送来信件，建议双方交换一批战俘。

9月24日，华盛顿在撤退途中给大陆会议写了一封长信，力陈组建常备兵的理由。这封长信字迹潦草，是他总结几个月来的战争得失和经验教训的产物。字里行间闪烁着他的智慧和远见。他说：

> 我们部队目前的处境似乎又面临着一次瓦解。这场斗争绝非一日之功，战争必须有系统地进行。根据我近来的一些想法，如现在缺乏一支常备军，则毁灭的后果终将不可避免。如果要我宣誓作证，究竟民兵从总的来看是有益还是有损，我将同意后者。

接着，他对常备军的若干问题提出了建议：这支军队的士兵应在整个战争期间服役。为了能顺利地招募到兵员，必须改善其

待遇，除发给较优厚的津贴外，战争结束时每人可获得100至150亩土地，军官的待遇应更丰厚些。

鉴于形势的危急，大陆会议终于同意华盛顿的建议，正式颁布命令把大陆军改为常备兵，延长服役时期，13个州根据财力人力定额提供兵员。

10月26日美军退到新泽西的白原，28日英军尾追而至。激战数小时，美军损失300人，旋即主动撤离。华盛顿率众退守北卡斯特尔，伐树木构筑工事。豪将军的部队追到这里时，连天倾盆大雨，军事行动受阻，两军在新泽西境内呈胶着状态。

▲华盛顿

11月初，多股英军集结华盛顿堡附近。华盛顿堡是美军屯兵和储备粮草的要塞，位于哈得孙河岸，对岸是李堡。华盛顿认为防守该处已无意义，即命令格林将军撤离华盛顿堡，以避免人员和物资的损失。

格林将军未立即执行，拖延到11月16日，英军突然进攻华盛顿堡，美军英勇还击但寡不敌众，杀伤大量英军和黑森军后，节节退进堡垒。堡内士兵拥挤得无法转身，英军用炮火轰击一通之后，派出一名使节送去劝降书。

美军没有回旋余地，无力进行抵抗，只有被迫投降。美国国旗从华盛顿堡上空降落，英军的米字旗取而代之。被俘将士将近两千余人，午夜时分被押送去了纽约。

这对逆境中的美军是一重大打击。损失兵员两千多人，其武器装备在美军中是较优良的，还有大批军用物资和粮草。接着另一次更为沉重的打击，又降落在美军头上。

这时候，查尔斯·李将军的职务是大陆军副总司令。带领4000人在距华盛顿不远的地方驻扎，成犄角之势。英军夺得华盛顿堡要塞后，豪将军亲领5000英军逼近李将军的部队，另外派一支精锐部队直扑华盛顿总部。

华盛顿根据情报，立即采取对策：率部撤退到纽华克跳出包围圈，避免在不利的情势下与敌决战，同时命令李将军火速靠拢，两支主力尽快会合。华盛顿建议他渡过哈得孙河，注意选择安全行军路线避开敌军。奇怪的是李将军拒不执行命令，找些莫名其妙的理由拖延搪塞，最后他说已经组织好了一次极有把握的反击战，定要活捉敌人的指挥官罗杰斯。

不管借口如何，华盛顿心里早已有数。这位李将军是因为没当上大陆军总司令而耿耿于怀。

此人确有军事才能，保卫南方各州屡挫英军，在北美军界算

得上一员战将，可惜为人品格不高，一贯狂妄自大。他原在英国正规军供职，就因未得提拔重用才转而投身独立运动。

李的毛病是举止粗鲁，不能团结同僚共事；带兵打仗虽有能耐，统率全军则不适宜。华盛顿就任总司令后，处处对他尊重有加，但查尔斯·李天马行空任意独行，处理重大事情刚愎自用，从不请示，尤其不甘屈居人下，处处抬高自己，暗中拉帮结伙大搞宗派活动，拆总司令的台，目的是制造机会取而代之。

目前美军接连败绩，处在困难时期，他把战败的责任全推到华盛顿身上，说他优柔寡断，一味逃跑避战，跟着这样的统帅必将永远失败。华盛顿率领疲惫之师天天浴血鏖战、节节后撤之际，李将军却隔岸观火，迟迟不肯救援。

12月1日，英将康华利追到新不伦瑞克，华盛顿炸毁了河上的桥梁阻滞追兵，并于12月7日和8日在特伦顿集中了所有船只，冒着严寒渡过了特拉华河，又命令将沿河110公里内的所有船只，全部集中到右岸，人员退入宾夕法尼亚境内。

此时气温骤降，河水尚未完全结冰封冻。英将康华利尾追到特拉华河边，遍寻不见渡船，又不能涉水泅渡，只好停止追击，留下三个团的黑森雇佣军和英军一部，与美军隔河对峙。

华盛顿下达会师命令过了三个星期，查尔斯·李才统率数千美军以每日5公里的速度在战区爬行。他本人自来疏懒，行军途中只要有可能就吃喝住宿得舒服些，有时还不在军营中过夜，带上卫士溜到旅馆去住。

12月4日姗姗渡过了哈得孙河，13日，他交代了当天行军路线，把部队交给沙利文将军带领出发，自己独自住进一家旅店睡觉，想吃好睡足再骑马追赶队伍。

正吃早餐时候，一队英国龙骑兵在亲英分子引导下，突然包围了旅店，卫兵和副司令一样懒散，抱着枪到外面晒太阳去了，全无防备。旅店女主人表示愿意把李将军藏在一张床下，但他以轻蔑的态度拒绝了，掏出两把手枪守住房门，想击毙冲进来的骑兵，再用指挥刀拼杀。

对方没硬往里冲，只是喊话："如果将军五分钟内不投降，就放火烧房子！"稍停，那人又重复了一遍。两分钟后，身上还穿着睡衣的李将军便束手被擒，成了英军的阶下囚徒。

李将军自酿苦酒演了一出悲剧。他被俘后受尽种种侮辱，英国把他当作变节分子对待，因为他曾在英国正规军中当过军官。他指挥下的4000美军，都由沙利文将军带回到华盛顿麾下。

自8月份以来，美军接连不断失败。然而，华盛顿经受住了挫折的考验，新的计划正在头脑中形成。

这次非凡的撤退，在悄然无声和迅捷神速两方面，堪与半夜在班克山建筑工事的奇迹相媲美。这是独立战争中意义最重大的成就之一，使华盛顿名声大震。

# 指挥奇袭特伦顿战役

1776年12月12日，大陆会议召开。大陆会议是当时北美最高的权力机构，它作为高举独立大旗的中坚力量，真正发挥了最高权力机构的作用，大家一致追随在它的大旗下，进行独立战争。

大陆会议通过决议，授予华盛顿指挥战争的全权，使他在非常时期能摆脱某些掣肘指挥打仗。穿着一身普通的黄不黄、绿不绿的大陆军军装的华盛顿特意向大陆会议表态：

> 也许有人会说，这种权力委托给别人使用过于危险。我只能这样回答，急症要求用猛药。我也愿意真诚地宣布，我毫无追逐权力的欲念。

除了武器和物资缺乏，华盛顿锐敏认识到，应该用崇高的爱国思想和奉献精神来武装将士。他想起《常识》的作者托马斯·潘恩先生。当初读了他写的小册子，多少人都受到巨大鼓舞，从而坚定地走到民族独立的旗帜下。

正好潘恩已投笔从戎参加了大陆军，曾先后在军中担任过秘书和副官。现在正好请他发挥笔杆子的威力，替困境中的大陆军编写点宣传鼓动材料。

潘恩理解华盛顿的意图，立即着手写作。每晚宿营，他就在微弱灯光下，把一面鼓当作书桌，伏案疾书直到深夜。12月19日，第一篇文章脱稿，题名《美国危机》。这篇文章和《常识》一样，用通俗明白、节奏铿锵的语言，把最朴素的真理告诉大众。他鼓励人们不要被暂时的失败所吓倒，历史赋予他们的是最光荣的使命和最崇高的荣誉。

华盛顿总司令下达命令：战斗之前，必须在动员会上高声宣读《美国危机》。从此，大陆军士兵总是高呼着书中口号：

> 现在是考验人们灵魂的时候了，冒着硝烟弹雨向敌阵冲锋！

这个口号极大地鼓舞了士气，它伴随美国的民族革命战争从挫折走向胜利。

自长岛突围大撤退以来的四个多月，大陆军连遭失利，在人们心里抹上了一层浓浓的阴影。华盛顿失去了纽约，却赢得了在

运动中灵活机动地打击敌人的主动权。而此时全军读了潘恩的《美国危机》，士气大振，将士们一致要求上阵杀敌，为牺牲的战友报仇。

过不了多久，当寒潮一到，河水就会冰冻，那时敌人会从冰上发起进攻。华盛顿认为，抢在敌人之前打一次突袭战的时机已经成熟。

华盛顿派人侦察敌情，得知豪将军长期住纽约，康华利将军正在离职休假，等待河面冰冻坚固再发动攻势。河正对面的特伦顿镇，眼下正由拉尔上校率领着一支英国轻骑兵和三个黑森团雇

▲华盛顿在独立战争中

佣军驻防。

这个拉尔，就是在攻打华盛顿堡要塞一役中，屠杀投降士兵的德国雇佣军官。此人性情勇猛但豪爽好客，更有一大喜好，爱听音乐不务正业。每天让军乐队吹吹打打，双簧管百听不厌。一直玩到深夜不睡，第二天日上三竿不起。这样的人打冲锋倒是个好角色，当指挥官独当一面则不是材料。河对面就是敌军，他却满不在乎无心备战，以为大河为界，我过不去你也过不来。

一个完善的突袭计划华盛顿已经运筹于帷幄之中。他决意利用敌军的麻痹松懈，奇袭对岸英军。时间选在圣诞节的夜晚，多路人马同时渡河，次日黎明突然协同出击。

部队分三路行进：一路由华盛顿自领主力在特伦顿以北的麦康基渡口过河，从正面直取特伦顿；另一路尤因将军率偏师从南面渡河，切断敌军退路；第三路普特南将军的部队从伯林顿过河，袭击南面据点的敌军。

在华盛顿向特伦顿北部市区挺进的时候，第二路人马已向市区南端逼近。英国的轻骑兵、步兵大约五百名，负隅顽抗。当他们得知华盛顿的部队从正面逼近，害怕被美军包围，就越过阿森平克溪上的桥梁抱头逃窜，沿着特拉华河河岸向博登镇的多诺普伯爵营地逃跑。

要是华盛顿的计划完全实现，这股英军的退路就会被尤因将军截断。遗憾的是尤因将军的部队受到河上冰块的阻碍没有能渡

过河来。

12月20日8时整，部队抵达特伦顿镇外的一个小村落。此时大雪遍地，道路模糊不清，华盛顿向一位早起拾柴的农夫打听。

那人态度极其生硬，冷冷答到“不知道”，转身想走开。旁边一名军官赶紧插话：“向你问话的是华盛顿将军，请给我们提供情况。”

农夫眼睛一亮，马上热情指点：“前面那间房屋就是敌人的哨兵检查站，大树下有一名哨兵。愿上帝保佑你们成功！”

华盛顿为了不打草惊蛇，命令小部队包围监视敌哨兵站，主力继续前进。十分钟后，特伦顿镇里响起炒豆似的枪声。

拉尔上校每天睡懒觉，不过9时不起床。此时他正睡得鼾声如雷，突然被一阵枪声惊醒。他在睡眼惺忪间，只见大陆军好像从天而降，自己部下人马无人指挥，像没头苍蝇一样乱作一团。

拉尔上校赶往前哨阵地，发现那里一片混乱，有六人受伤。原来有一股人从树林里窜出来，向哨兵开火后又立即撤退了。拉尔带着两个连和一门野炮，穿过树林，巡视了各个前哨据点，但是他什么也没有看到，什么也没听到，发现一切平静无事，就回去了。他竟如此轻敌，错误地判断美军不过是虚晃一枪而已。

眼下，面对美军排山倒海般的强大攻势，拉尔上校在奇袭造成的混乱中，又完全不知所措。这位上校骑在马上，努力集合惊恐万状、乱作一团的部下，但是他自己也十分迷惘。

拉尔上校费了好大的劲才勒住受了惊扬起前蹄嘘嘘叫着的坐骑，问身边一名上尉进攻的兵力有多少？尉官回答说，他看到树林里有四五个营，其中包括在他撤退以前向他的哨兵开火的三个营；但是左边和右边还有大股美军，市镇很快就要被四面包围了！

拉尔上校听罢报告举起指挥刀，喊道："前进！冲啊！前进。"后面的英军跟随着他，像个无头的苍蝇似的，左冲右突，妄图突围。

"咚咚咚！咚咚咚！咚咚咚咚！"美军的战鼓在英军的四周响起。英军如丧家之犬，仓皇举枪胡乱射击。有的战马中弹受惊，把骑在马上的英军抛落在地，那骑兵旋即又被别的战马踩死。步兵就更惨了，只恨爹娘少生了一条腿，紧跟在骑兵后面狂奔。

拉尔上校率部队终于冲出了重围，但队伍已死伤了不少，溃不成军。他在市郊的一个果园里集合残部，重整旗鼓，狂叫着说："堂堂大英帝国的军队就这样败下阵来吗？作为一名皇家军队的上校，我觉得太丢脸啦！"

有的部下附和他说："是呀！我们不能把城池丢给叛军，我们连行李也没来得及带出来呀！"但多数部下劝拉尔上校先撤退再作打算。

拉尔哪里听得进去，咆哮道："我的全体掷弹兵，前进！"

他夹紧坐骑，挥刀率领六七百名英军向特伦顿城反扑。

此刻，特伦顿城已被美军占据，三路大军胜利会师，合计有4000余人。华盛顿将军已命令炮兵把6门大炮架设在街口，步兵埋伏在墙壁和灌木丛后面，严阵以待。

英军快要冲上来了。站在大炮旁的华盛顿手一挥，喊道："开炮！"只听到"轰！轰！轰！"震耳欲聋的炮弹在敌群里炸开了花。

拉尔上校不顾枪林弹雨，依然率领部下向前冲锋。待英军快要接近美军防守阵地时，突然响起了冲锋号。步兵们纷纷举起滑膛枪向敌人瞄准。冲在前面的英军纷纷中弹倒地。

拉尔上校一马当先向前冲着，突然他觉得胸口遭到重重一拳似的，双眼一黑跌下马来。

英军失去了首领，顿时慌乱起来。他们不顾副指挥官的命令，从右侧沿阿森平克溪两岸向北撤退，打算逃往普林斯顿。

华盛顿看出了他们的意图，迅速派汉德上校率步兵团挡住他们的去路，同时又命另一支步枪团抄了他们的左翼，英军被追停顿下来，完全不知所措。

华盛顿以为他们是在列成战斗队形，因此命令发射霰弹。

福雷斯特上尉喊道："将军阁下，他们投降了。"华盛顿应和着说："投降了！"一面说着，一面策马向英军方向奔去。

英军无条件投降了，受了重伤的拉尔上校束手就擒。这次战役共击毙英军100余人，俘获英军近千人，其中有32名军官。

华盛顿组织的特伦顿之战，取得了辉煌的战果。英军死伤和被俘大量人员，缴获武器弹药无数。美方的损失很轻微。

稍感美中不足的是，尤因将军的部队渡河受阻，未投入战斗。溃散的英军部分投降，另有部分漏网，使华盛顿的全歼计划打了折扣。

打了胜仗，有些军官主张扩大战果，乘胜追击，华盛顿却分外冷静。他果断地命令部队撤出特伦顿，带着战利品，押解近千名俘虏，渡河返回宾夕法尼亚境内。

华盛顿曾去看过生命垂危的拉尔上校，吩咐给予必要的医疗救助。并慨然答应了拉尔的最后请求：“除了解除投降者的武器

▲英军向美军投降

外，请不要没收黑森军官兵的私人财物”。

这个杀人无数的黑森军官拉尔上校，临死时良心发现，对大陆军的人道待遇表示感激。

华盛顿恪守诺言，把黑森战俘押送过特拉华河，几十名军官安置在宾夕法尼亚新城的旅馆里住宿，士兵住在教堂和监狱里。为避免老百姓对战俘采取报复行动，总司令在城乡张贴布告，不准虐待俘虏。

华盛顿在战场上决不手软，但放下武器不再与人民为敌就不应当再以敌人看待，应该给他们生存权利和人格尊严。

华盛顿将军指挥的奇袭特伦顿战役，以大获全胜而结束。这场战役是美国人民为摆脱英国殖民主义统治、为争取独立而进行的许多战役中著名的一次。它大大鼓舞了美国人民的斗志，为最后取得独立奠定了胜利的基础。

# 普林斯顿战役获胜

1776年12月26日，华盛顿在特伦顿出奇获胜后，决定将军队带回其过冬营地前，对英国和黑森军队发动进攻。

在当时，宾夕法尼亚兵团士兵的服役期将满，人心想家盼归。但是面对强敌，让老兵走光是非常危险的。华盛顿充分使用大陆会议授予的权力，向费城的豪绅巨富专项借款，发给士兵服役超期补贴。除经济补偿外，还进行宣传说服工作，有200多人自愿延期服役。

12月31日，华盛顿侦察获悉，英军查尔斯·康华利中将正在征集车辆，向特伦顿进军。

1777年1月2日中午，康华利派玛沃德中校带领第四旅的三个团共1400人在普林斯顿作为后部。同日，康华利受威廉·豪将军命令，带领6000人从普林斯顿向特伦顿进发，进行反攻。豪将军带了1000名轻步兵随后跟来。

华盛顿立即做了部署，命令米夫林和卡德瓦拉德两将军，火速前来会合，总兵力达到3600人。

华盛顿的军队非常机动，躲开英军的反攻来推迟决战。他将军队布置在一座峡谷南岸，英军多次试图占领峡谷上的桥来进攻美军，但都被击退了。

为了迷惑敌人，华盛顿故布疑阵，指派一支小分队，不停给篝火添柴加薪，使其越燃越旺，通宵不灭。在火光之下，布置在峡谷南岸的士兵彻夜佯装深挖战壕，作出死守姿态，其实等到黎明之前迅速撤离。

英军哨兵看在眼里，如实禀报指挥官。康华利信以为真，命令官兵放心安睡，明晨早起配合普林斯顿人马同时夹击美军。

此时华盛顿已集合队伍，偃旗息鼓、布裹车轮，快速向普林斯顿运动。美军冒着严寒扛着武器弹药疾走，所幸未被敌人发现。天亮前，默塞尔将军的先头部队终于赶到了普林斯顿郊外一里处。

驻防普林斯顿的英军这时已经出动，去特伦顿方向与康华利配合。前锋部队刚好与美军先头团遭遇，打了一场激烈对攻战。

美军是有备而来，士气旺盛，英军则事出意外仓促应战。默塞尔骑在一匹灰马上带队英勇向前，大有一鼓作气直捣普林斯顿之势。

发现美国的军队以后，兵力处于优势的英国军队就摆开队形，向行进中的美国军队发动攻击。由于兵力处于优势，他们很快就将默塞尔的部队打败。

默塞尔将军受了伤，但他拒绝投降，仍持剑冲向敌人。这时候他被英军刺了一刀，以至于士兵们都以为他牺牲了，于是哈斯烈上校代替默塞尔将军指挥美军，可是很快，哈斯烈就因为头部中弹而牺牲。

美军失去指挥阵脚大乱，英军趁势反攻，逼迫美军节节后退。如果中午以前美军攻不下普林斯顿，康华利主力就会赶来前后夹击，后果之严重可想而知。

在这危急的关头，增援的美国部队正好赶到，有2000多名士兵。华盛顿集合起默塞尔的余部，带领美国军队勇猛地向英军阵地反攻。

华盛顿在高地上遥遥望见美军不断后退，处境十分危急。也等不及队伍展开列成阵式，大喝一声“勇敢的战士们，跟着我一起冲啊！我们很快就能打败他们！”带头策马冲向敌阵。

在他带动下，美军重新集合起来，和主力部队一起全面压上，把英军冲得人仰马翻。

英军很快就发现这位白马将军定非等闲之辈，纷纷集中火力对他射击。密集的子弹呼啸着从华盛顿的身边掠过，随时都有被子弹射中的危险。

英美双方展开了拉锯战。虽然美军在人数上占据优势，可是

他们的训练毕竟比不上英国军队。僵持一段时间以后，英国军队发动了第二轮的攻击。幸亏这时候，沙利文带领的1300多名士兵赶了过来，战场上美军的人数骤增，变得差不多是英军的6倍。

兵力对比是如此悬殊，这种局面迫使英军改变战略寻求突围。一部分英国士兵突出重围准备撤回特灵顿，华盛顿带着一部分美军追击他们。华盛顿认为必须速战速决，不可拖延恋战。命令青年军官亚历山大·汉密尔顿指挥部队猛攻普林斯顿大学。没打多少炮弹就迫使敌军全部缴械投降。

在英国人占据的特灵顿，康华利和他的军队被隆隆的炮声震醒，他们发现华盛顿的主力已经转移，就马上开拔，向普林斯顿方向进发。但是华盛顿的军队破坏了从特灵顿通向普林斯顿的必经之路上的桥梁，从而筋疲力尽的美军得以安全撤离普林斯顿。

▲华盛顿在美国独立战争中

美军留下断后的部队，也阻滞了康华利的前进。

美军退出以后，英军终于在当天晚上夺回了普林斯顿，但是他们并没有在那里停留，而是直接行进到了新布伦斯维克。

这天黎明，康华利整顿部队杀过河去，才发现人去营空，篝火余烬未冷。起先还以为华盛顿故技重演，又是长岛式的悄然逃遁。等到太阳升起，便听到普林斯顿传来隆隆炮声，马上明白自己中了声东击西的圈套。康华利只有望洋兴叹了。

默塞尔将军中剑倒下以后，实际上并没有在当时死亡。他是在中剑倒下的九天以后，才由于伤情恶化致死的。

据统计，在这次扭转北美战局的战役当中，英军一共有276人阵亡。普林斯顿战役很大地鼓舞了美军的士气，8000名新兵应征入伍。

在普林斯顿战役以后，英军失去了对新泽西大部分地区的控制。战役也对法国和西班牙产生重要的政治影响，导致了两国在普林斯顿战役后都加强了对美军的援助。

由于军事上的胜利，华盛顿的名声远扬欧美，奠定了他在美国政治和军事领域中的领导地位。与华盛顿同时代的德国的菲德烈大帝，更把华盛顿将军在那段时间的战绩，说成是“军事史上最辉煌的胜利”，专门赠送了一张自己的肖像给华盛顿，上面的亲笔题词挺有意思：“欧洲最年长的将军致世界上最伟大的将军。”

## 组织费城保卫战

经过华盛顿大力整训的大陆军，心理承受能力和作战能力远远超过了以前。对于北线战场的失利，将士们没有沮丧，也没有惊慌失措。华盛顿更是鸟瞰全局，不以一城一池之得失衡量战争的输赢。他运筹帷幄，捕捉战机要还敌人以颜色。

英国柏高英占领了提康德罗加，一时军威大振，准备乘胜南下，与英军将领豪将军会师。这又是对美军的一次考验。华盛顿号召将士们积极行动，寻找战机打击敌人。在这年的7、8两个月，美军分散成小部队活动，多处出击，取得了令人鼓舞的战果。尤以两次袭击战，打得非常漂亮。

一次发生在7月下旬。由巴顿中校率领40名民兵，在夜晚悄然乘小船驶入罗德岛的西岸，巧妙地混过了敌军的层层封锁线，一直潜入罗德岛最高军事指挥部，把睡梦中的英军指挥官普雷斯科特将军生擒活捉了。

这次成功的“黑虎掏心”战影响非常巨大。大陆会议为此专门做出决议，巴顿晋升为上校军衔，并授予军刀一把。

英军罗德岛守将普雷斯科特将军，为人凶狠而残暴，在镇压北美独立战争中双手沾满了美国人民的鲜血。该如何处置他呢？华盛顿几乎没有犹豫就决定，按照国际惯例，用这名英国高级军官换回在上次战役中被英军俘获的美军查尔斯·李将军。

另一次成功的袭击战是8月中旬。美军沙利文将军亲自率领驻新泽西州汉诺弗的一支部队，长途奔袭斯塔腾岛上的英军。这次行动高度保密，速度特快，出其不意，攻其不备，1000英军几乎来不及抵抗便纷纷缴械投降了。

但是，英军大批援军及时赶到了，美军准备的船只不够多，撤退时遭到了较大损失，俘虏也无法带走，此役未能取得全胜。

▲美国独立战争（油画）

这两仗规模不是很大，却打击了英军的嚣张气焰，鼓舞了军心民心，稳定了北部战局。现在，英军柏高英暂时不敢长驱直入，与英军豪将军南北会师的计划也成了泡影。这样，华盛顿就可以腾出手来全力对付豪将军，而不致有后顾之忧。

果不其然，英国威廉·豪将军根本没考虑北上会师。他自作主张于1777年7月23日带领1.5万英军，乘军舰驶离纽约港，南下直扑费城。这位自视高明的勋爵踌躇满志，一心想把华盛顿的主力击破，攻占美方的“临时首都”费城。

大陆会议的代表一听豪将军带着一万多精锐来攻费城，慌忙把华盛顿请到费城共商退敌大计。面对严峻形势，华盛顿采取果断对策：命令盖茨将军做好迎战准备，他自己率军转移到费城附近的小镇日耳曼顿。

按照华盛顿的战略思想，应尽量避免集中主力与强敌决战。但考虑到费城的特殊政治影响和广大民众的愿望，必须打一场保卫战，他只好勉为其难，知其不可为而为之了。

华盛顿亲自督促加强防务，在城内及市郊修筑防御工事，并在海滨部署了一道防线。费城局势一紧张，当地的王党势力又猖狂起来。他们趁机散布谣言，扰乱民心，为英军张目。

为了显示美国军民保卫费城的决心，给王党分子以威慑警告，华盛顿在开赴前线之前，在费城组织了一次声势浩大的示威游行，从而有效地震慑了王党分子。过了半月余，豪将军的先头舰队已于8月5日在埃尔克河口登陆。此地离费城只有一百多公里，华盛顿立刻派出部队去骚扰袭击，阻滞英军的进程。

1777年9月初，英军主力部队登陆之后。随即兵分两路，一路由威廉·豪勋爵率领，另一路由克尼普豪森将军指挥，并向费城方向攻击前进。9月8日大陆军渡过布兰得温河，10日晚占领北岸的查德堡。华盛顿派沙利文将军据守该堡北面的高地，形成主力部队的右翼；命令宾夕法尼亚民兵防守左翼。

华盛顿刚部署完毕，豪将军的大部队已开进到距离布兰得温河只有10公里的地方，并严密封锁消息。这时，双方兵力对比是：美军总共1.1万人；英军总数超过1.8万人。

布兰得温河是特拉华河的一条支流，在费城附近有几处平缓的浅滩，其中查德浅滩一带地势最平坦开阔。华盛顿分析，敌军很可能选择此地为突破口。

因此，他把城防部队的主要兵力摆在这里。一共有韦恩、威登、米伦伯格的三个旅和马克斯韦尔的轻步兵。另把沙利文、斯蒂芬和斯特林的两个师，部署在布兰得温河上游，作为右翼军。左翼则命令阿姆斯特朗少将指挥的宾夕法尼亚民兵防守。格林将军的一个师部署在查德浅滩后面的高地上，作为总预备队，随时待命策应。

9月11日凌晨，英军先发制人，果然从查德浅滩发起袭击，火力异常猛烈，炮弹、子弹暴风骤雨般倾泻在美军阵地上。英军连续发起冲锋，企图涉水冲过浅滩。

美军也展开火力阻击，一连打退了敌人数次进攻。10时刚过，华盛顿的秘书哈里森上校送来前线战报：进攻之敌已被打退，查德浅滩阵地牢固地掌握在美军手中。

实战经验极其丰富的华盛顿，此时突然产生了疑惑。他发现敌军几次攻势规模不很大，火力却非常凶猛，很有点“雷声大雨点小”的味道。莫非敌人用的声东击西之计？华盛顿急忙派出侦察部队，命令火速查清英军主力的动向。

华盛顿的疑惑很快得到证实。中午时分，侦察人员急匆匆报告，康华利部已出现在布兰得温河上游的高地前，从侧面包抄沙利文部，以优势兵力发起猛攻，把沙利文的部队逐出防御工事。

此刻，华盛顿调整部署为时已晚，沙利文堵不住康华利。大股英军潮水般冲过来，反逼得沙利文步步后退。格林将军带领预备队赶去救援，也无力挽回败局。

英将克尼普豪森将军听见上游炮声隆隆，料定康华利军已经得手，立即指挥人马全部出动，向正面之美军发动猛烈攻击。

美军受到两面夹击，仍舍生忘死英勇抵抗。两军在查德浅滩和布兰得温河上游两处，展开生死搏斗。直杀得横尸遍野，鲜血染红了布兰得温河。战斗了一天，美军死伤了1100余人，还是遏制不住英军的推进。

华盛顿面对强敌，为了保存主力不愿继续打消耗战，果断下令两翼部队向中路收缩靠拢，且战且退暂避其锋芒。当晚，英军也精疲力竭，不再追赶。华盛顿则把被打散的队伍集中起来，连夜向费城转移，避免与敌军接触，跳出了敌人的包围圈。

布兰得温之战拉开了费城保卫战的序幕，同时也预示了费城的命运。美军败绩，英军逼近费城。此役英军伤亡六百余名，美英双方人员损失为二比一。

美军的失利，根本原因还是力量对比太悬殊。英军占有明显优势，作为进攻一方可供选择的突破口很多，而防守一方可供使用的兵力又太少。费城保卫战首战失利，天然屏障已不复存在，它的陷落只是迟早的问题。城内居民人心惶惶，政界有人指责总司令无能，强烈要求华盛顿确保临时首都的安全。

这时候，华盛顿力排众议，提出了自己的看法。他书面报告大陆会议主席，文中写道：

> 倘若他能在战场上击败豪将军，在费城修筑工事就成多余。
>
> 若无法击败英军，则修筑工事的时间和劳力均属白费，而且一旦这些工事落到敌人手中，将被利用来对付美国人。

华盛顿作为一个成熟的军事家，居高临下，洞察整个战局。

为了美国的长远利益，他明确地提出："必须撤退，费城不可死守！"华盛顿有幸获得大陆会议对他的充分信赖和全力支持。

大陆会议经过慎重讨论，接受了他的主张。五天后便正式决定撤离费城，"迁都"到宾夕法尼亚的约克镇。同时采取非常措施，决定授予华盛顿为期60天的非常权力，以应付各种紧急势态。在此期间，总司令可以不经大陆会议批准，直接任命准将以下的军官，征用各种军需品，转移重要物资等。大陆会议还号召全体公民支持大陆军。

开始迁都的那天，费城人民将那口刻有"宣告全国各地及其一切居民都获得自由"铭文的"自由钟"秘密藏起来，绝不让它落入敌人手中。美国军队在华盛顿率领下，沉着有序地撤出了费城。

9月26日，威廉·豪将军派康华利率领一支英军部队，以胜利者的姿态开进了这座空城，自以为给军事行动画上了一个圆满的句号。

豪将军的一意孤行，造成英军兵力过于分散，南北两支大军孤立地陷入北美人民战争的海洋之中，从整个战局来看失去了有利的形势，反倒帮了华盛顿的大忙。

战争就是这样难以把握，你来我往，胜败交织，历史证明世上没有常胜将军。一个优秀的军事统帅，不但要能打胜仗，还要能处理好胜仗后的问题；也要会打败仗，并善于应付败仗后的局势，创造条件争取最终胜利，华盛顿就是这样的军事统帅。

兵败之后的华盛顿总司令，仍然保持着他特有的镇静，对战局满怀信心，率领着数千之众，在费城附近与英军周旋。同时充分利用人民群众和民兵的力量，从水陆两个方面切断敌人后勤供应线，对其实行围困和袭扰。

此时，华盛顿根据自己的作战意图，对部队作了新的战略部署。首先，华盛顿率领主力部队进驻距日耳曼镇仅14公里的斯基帕克溪，和英军主力若即若离，形成了对峙，引而不发，使英军不敢轻举妄动。其次，华盛顿对英军占领的周围交通要道进行封锁，搜查拦截一切供给敌人的物资，对违禁运送物资者予以严惩。为了打破华盛顿部署的封锁，英军派海军舰队开向费城，企图通过河道运送援军和给养。华盛顿则将计就计，在一些重要河流的水面上，设置了拦河铁索和大量障碍物，并在沿岸修筑碉堡，封锁得水泄不通，其中最重要的两座堡垒，是米夫林堡和默塞尔堡。

米夫林堡坐落在费城下游几公里处、特拉华河的一座小岛上。由美军克里斯托夫·格林上校率部驻守的默塞尔堡，就在河对面不远处。两座堡垒如一把老虎钳，火力可交叉封锁河面，使英军舰队望而却步。

驻扎日耳曼镇的英军主将威廉·豪将军，见费城占领军供应线被切断，忙派出部队扫荡特拉华河沿岸各个堡垒，为舰队开出

通道。此时，正在寻机歼敌的华盛顿，获悉英军这个动向，喜出望外。他果断地决定，乘敌人力量薄弱之机，对日耳曼镇发动突然袭击。华盛顿部署的作战计划十分周密，他决定兵分两路，右翼由沙利文将军指挥，左翼是主力，由格林将军指挥。约定10月4日黎明发动进攻，两路同时夹击，只要有一路突破，敌人就会全线崩溃。

10月3日夜间，部队从驻地悄悄出发，次日拂晓前赶到日耳曼镇，美军沙利文将军当即发起攻击。此时，大雾弥漫，几步之外不见人影。

右翼沙利文将军的部队与敌人警戒部队突然遭遇，发生激烈枪战，美军猛烈攻击，英军节节败退。一股一百余名的英军躲入邱氏宅邸，凭借坚固的石屋负隅顽抗，其余部队逃入小城深处。

这时，美军前线诺克斯将军擅自命令部队停止追击逃跑之敌，却集中力量攻打邱氏宅邸。美军远道奔袭，没带攻坚武器，全凭勇气冒死攻击，耗费了半个小时攻而不下，反而牺牲官兵75人。

美军只好留下一团兵力继续包围宅邸，主力部队继续向前推进，直逼英军司令部。可为时已晚，美军白白浪费了宝贵时间，致使各部队在配合上出现了混乱和差错。

另一路美军格林将军的部队同时投入战斗，进展神速。在进入市中心时，遭到英军的拼死抵抗。美军向英军司令部猛攻，英军伤亡惨重，防线开始全面动摇。眼看胜利在望，就在这时，美军忽然阵脚大乱，几支部队之间发生了误会，大雾之中敌我难分，相互射击误杀了许多自己人。

正在司令部的英军威廉·豪将军被炮火声惊醒，很快指挥部队发起反扑。华盛顿见势不妙，意识到有利战机已经失去，遂组织部队撤出战斗。这天晚上，美军退到距日耳曼镇20公里的珀基奥门溪，并暂驻休整。

一场即将到手的胜利，转眼泡汤了，华盛顿感到十分痛心。战后统计，这一战美军伤亡673人，英军伤亡535人。

从整个战局看，此次突袭战虽然未达到预期目的，但却有十分积极的意义。已经背上了费城这个“包袱”的英军豪将军，害怕驻日耳曼镇的司令部被袭击，再也抽不出兵力北上会师了。

这一战，不仅使英国速战速决的战略破灭，还在国际上产生了深刻影响，十分有利于美国争取国际支援的外交活动。

再看北方战场，却是另外一番景象。自从英国约翰·柏高英将军侵入美国北部以来，一路攻夺城池，势如破竹。这时美军北方守将斯凯勒将军，主张诱使柏高英更进一步深入腹地。

华盛顿十分赞同这个办法，指出英军柏高英越深入，美军就有机会从背后攻击孤军深入之敌。于是，柏高英部又于7月29日轻而易举地攻克哈得孙河上游的军事要塞爱德华堡。

英军长驱直入、连战皆捷，被胜利冲昏了头脑，得意忘形。

柏高英立即率领他的9000之众，一心要按照既定战略，与威廉·豪将军会师于阿尔巴尼，实现英国国王批准的1777年度战略计划。

但是，英军柏高英将军的“辎重”太沉重了。这位过惯了声色犬马、养尊处优生活的绅士，打仗也不忘享受。他随军携带了整整30马车的个人行李和全套银质餐具。

英军不少高级军官还带着美貌的太太、娇惯的小孩和佣人。就是这样一支人马，走上了他们想象中的“胜利大进军”之路。

在这种形势下，美军北方军司令斯凯勒将军，一再向大陆军总司令华盛顿告急。华盛顿顶着巨大压力，在紧急关头派遣手下爱将阿诺德将军担任斯凯勒的副手。又派波兰志愿军官库斯狄什科带一支部队支援北方战场。

华盛顿又从自己部队的军需物资中，调拨一批大炮、滑膛枪子弹、火药、铅、弹药纸、挖壕沟的工具以及马具等，紧急运往北方战场。这样，既加强了中部南部战场的防务，也有效地牵制了英军威廉·豪将军的北上会师企图。

华盛顿这一系列明智的措施收到了显著效果。在北方战场上，大陆军加上民兵的数量，已经超过了英军。英军柏高英将军发现日子不好过了，战场形势逐渐陷于困境，主要是由于战线越拉越长，沿途必须分兵保护交通线，后方基地的供应补给也日益艰难，伤亡和逃跑的士兵逐日增加。

英军豪将军这时只能顾及费城，无暇他顾，会师之事简直遥遥无期。柏高英万般无奈，只好命令部下停止南下，原地驻扎，等候援军和补给品。

此时，大陆会议顺应新英格兰人的意愿，任命霍雷肖·盖茨代纽约人斯凯勒为北方军司令，阿诺德将军为其副手。

华盛顿指示盖茨和阿诺德：现在的战场局势，切不可与敌决战，最好是围而不攻，断其外援，待敌人弹尽粮绝、军心涣散，再给予致命一击。

到了8月中旬，困守待援的柏高英部，军需物资和粮食已消耗殆尽，士气低落，便派一支600人的小部队奔袭本宁顿，想夺取粮食和物资。8月16日清晨，这支抢粮英军，中了美国民兵的埋伏，被杀得溃不成军，指挥官也毙命了。

9月19日，进退维谷的柏高英，想探试美军的虚实，寻找一条逃生之路，他率部渡过哈得孙河，向阿尔巴尼试探性进攻。

柏高英的动向又被美军阿诺德侦知，阿诺德就带领部分大陆军、摩尔根来福枪团和民兵等，在半路“自由人农庄”设伏。英军一进入伏击圈，伏兵从四面杀出，一阵围攻猛打，杀得英军死伤遍地。柏高英在卫士的保护下，拼死夺路而逃，但部下官兵损失无数。

10月7日，柏高英不甘心失败，拿出老本作困兽之斗。他总结了前两次误中埋伏的教训，做了精心部署，选择了1500名精

兵，携带十余门大炮，由两员少将和一名准将协助来攻击美军左翼。把一支阻击部队和炮兵部署在高地上，同时让其余士兵下到麦地里抢收庄稼。美军北方军司令盖茨将军，立即命令从两侧包抄敌军，自己率主力中路迎击。两军还是在“自由人农庄”再度激战，双方都是有备而来，一时间只杀得弹雨横飞，难分胜负。

正巧美军阿诺德将军带领一支生力军赶来增援。勇敢的阿诺德一马当先，势不可当。在他的带动下，美军士气大振，一鼓作气夺取了英军的炮兵阵地。

接着美军乘胜追杀，英军死伤将近半数，大炮和辎重全部丢失，弗雷泽准将当场阵亡。美方阿诺德将军也腿部中弹负伤，但他仍坚持指挥不下火线，他的勇敢善战得到全美人民的赞扬。

美军盖茨将军根据华盛顿指示，开始收缩包围圈，彻底切断英军的补给线。英军柏高英陆续丢失了一些外围据点后，无可奈何只有退守孤城萨拉托加，企图等待援军或伺机突围。美军则尾随跟进，趁机把萨拉托加围得水泄不通。

柏高英的部队遭到一连串失败后，人员伤亡惨重，士兵开小差成风，全体印第安武士不辞而去。此时，英军兵力锐减，九千余人的军队只剩下五千多人。

美方的大陆军和民兵，总数增至1.2万人。被围英军走投无路，部队将士一派混乱。这时候柏高英召开了一次充满悲剧气氛的将、校级军官会议，商讨决定5000人命运的大事。几乎没有争论，与会者一致同意向美军投降，但要派出使节与盖茨将军谈判投降条件。

美、英双方经过反复谈判，达成了“体面”的投降条件，这就是英国军队带着大炮和各种武器，举着旗帜，列队开出军营，走到指定地点交出武器。然后，允许他们自由返回欧洲，但不能再次参加这场在美国境内的战争。

美方同意不把这支军队解散，不把士兵和军官分开，允许点名和履行其他例行职责，军官可携带防身武器，一切个人财产不受侵犯，允许他们安全体面地离开美国。

10月17日，英军柏高英在投降书上签了字。英军投降仪式在美军营地大门口举行，两军主将见面的场景，很富于西方文化特色和英国绅士风度。

投降将军柏高英，此时此刻仍虎死不倒威，竭力保持着体面和身份，他身着皇家将军制服，脸上表情不失威严，以掩饰内心的难堪。

美军盖茨将军反倒穿着朴素的蓝色粗呢军大衣，刚从前沿回来征尘未除。他们在各自的幕僚陪同下，骑马来到相隔仅一剑的地方，勒马停住。

柏高英把帽子微微一提算是敬礼，文质彬彬地说：“盖茨将军，命运使我成了您的俘虏。”

盖茨还礼作答，意含幽默地说：“我随时都愿意作证，这不

完全是由于阁下的过错。”

正当美国人为胜利欢欣鼓舞的时候，英军豪将军却急于打破华盛顿对费城的封锁，他决心利用舰队的优势，水陆并进，摧毁特拉华河上的障碍物，攻克沿河的堡垒。

华盛顿针锋相对，给守军指挥官下了死命令：坚决守住两堡要塞！

英军的1200名黑森雇佣军，在10月22日到达默塞尔堡。守军只有四百余人，双方众寡悬殊。幸好美军格林上校沉着冷静，决定利用有利地形打击进犯之敌。他命令极少数兵力守卫外围，只稍作抵抗便佯装败退进入堡内，引诱英军尾追进来。

下午4时多，英军开始炮击，严格按照欧洲战法一阵猛轰之后，步兵发起冲锋，大队人马很快冲进了碉堡。突然四处枪声大作，美军伏兵从周围的碉堡里近距离瞄准射击。毫无隐蔽的英军，在纵横交织的火网笼罩下，被打得死伤累累，血流遍地。这一仗不到一个小时，英军损失了四百余人，指挥官多诺普伯爵也被乱枪击毙，美军方面只伤亡了三十多人。

米夫林堡的防御战，几乎同时在特拉华河上打响。英方主要依仗海军优势，出动了舰船十余艘。军舰上拥有大炮100门以上，显然占尽火力优势。

美军米夫林守军开炮阻拦，双方展开了炮战。英舰“奥古斯塔”号和“默林”号，仗着火力强大，强行冲向美军堡垒，谁知撞在河底的木桩障碍物上搁浅，进退不得，无法动弹。其他英舰想来援救，也被障碍物阻隔无法接近，只得不断发射炮弹，给予火力保护。

美方基本没有海军，派出了许多木船划向敌舰，想把它炸毁。但英舰炮火十分猛烈，木船也无法靠近。双方于是远距离开炮互相轰击。瘫痪的“奥古斯塔”号就成了挨揍的活靶子，不久中弹爆炸了。英军见大势已去，便无斗志，只好自己炸毁了搁浅的“默林”号，其他船舰调转船头，灰溜溜退回了原地。

美军这几次胜利，完全粉碎了英军豪将军突破美军封锁的努力。在国际上，也促使人们对初生的合众国刮目相看。特别是大大加速了美法之间正在进行的结盟谈判，鼓励了还在犹豫不决的法国人承认美国，与美国人一起参加对英作战。

美军摆脱了军事上的劣势，开始从战略防御转入战略进攻阶段。但是此时，一些美国人被胜利冲昏了头脑，希望乘胜一鼓作气，一举收复费城。

11月下旬，传来一个消息，那就是英军康华利将军率领的一支大部队调往东新泽西，费城英军防守力量有所削弱。美方军中几位将领和许多政界人士都认为，收复费城的时机到了。

同时有人制造舆论，说美军盖茨将军在北方取得了辉煌胜利，而华盛顿在费城拥兵自重，实在怯懦无能，除非请盖茨将军出山，否则费城是收不回了。

在一片狂热的“喊打”声音包围之中，“打”还是“不打”呢？此时，华盛顿保持着清醒的认识，这种急于求战的幕后，除了公众的愿望，还有某些阴谋家在煽风点火。他思考再三，强攻这样坚固的工事，大陆军必然付出沉重的代价。

一将功成万骨枯！华盛顿把国家和民族利益置于个人声誉之上，他坚决放弃了进攻的计划。宁可个人名誉受损，自尊心受屈，他也要顾全大局，不把军队命运当儿戏。

后来，一位美国史学家这样评论：

大胆冒险往往产生于自私的野心或愚勇的冲动，容忍才常常是真正的伟大胸襟的证明。

严寒的冬天来了，军队迫切需要寻找一个营地来度过寒冬，以便进行休整和恢复体力。当时可以驻扎越冬的城镇倒有好几处，如约克镇、兰开斯特、卡莱尔等地，条件都相当不错，部队的粮食物资供应也方便得多。

但是华盛顿考虑到，如果远离原驻营地，就会使费城周围地区的人民失去军队的保护，极容易受到敌人的蹂躏。他更担忧的是，长期在野外打仗吃苦的部队，一旦驻进城镇，很难避免出现扰民滋事的问题。最后他做出决定，到福吉山谷建立临时冬营过冬。

福吉谷位于费城西北20公里处，在这里可以监视费城英军的动向，使其不敢出城胡作非为，有效地保护费城附近的农村地区。

部队在12月17日抵达福吉谷，参照以往的经验，士兵们砍伐树木，建造过冬的小木屋。人有了住处，吃、穿、用的问题却极端严重。几个月来军粮部从未正常供应过粮食，部队长期忍饥挨饿。

华盛顿锐敏地感觉到事情有些蹊跷。他不相信粮食会这么紧张，运输会这么困难，显然有人从中作梗。在忍无可忍的情况下，他给大陆会议主席接连写信告急，信中所反映的困境，简直令后世人难以想象。

部队建营房的工作才告一段落，就传来消息说，一支英军已向切斯特进发，企图掳掠粮草。华盛顿随即命令亨廷顿和瓦农两位将军的部队作好迎敌准备。两位将军的回答却催人泪下。亨廷顿说："作战要比挨饿好得多。"

瓦农说："对于我那个师来说，能出发作战是一件十分令人高兴的事。我们已经连续三天没有面包了……饥饿的士兵已经发生了一次危险的哗变。军官们费了很大劲才把它平息下去。"

然而，在严寒的隆冬营地却出现了一股暖流，这就是华盛顿夫人的到来。总司令夫人玛莎是一位勇敢的女性，这是她第三次离开平静的山庄，千里迢迢来到乔治身边了。这个时候的玛莎，

正经受着妹妹去世和第二个孙女出世悲喜交加的心绪中。

尽管军营的生活条件十分艰苦，玛莎却毅然面对现实。她和丈夫住进了用木材搭起的两小间屋子。她和士兵们打成一片，从清晨到深夜，忙于照顾那些生病的士兵。

在天晴时，人们看到玛莎手提篮子，到各处看望病号，她尽自己最大努力向大家提供帮助。有一次，她来到一位生命垂危的中士茅屋里，一旁是中士年轻的妻子，玛莎跪在草垫旁，用她那悦耳的嗓音，庄严而又虔诚地为他们夫妻祷告。那情景简直令旁观者感动万分。

在华盛顿46岁生日那天，玛莎别出心裁地为丈夫筹划了一个“庆祝晚会”，她用清水煮鸡汤和酒掺白水，让大家为乔治的健康干杯。居然有人还找到了一包宝贝茶叶来助兴。在晚餐时，由军乐队在木屋外奏乐，司令部全体人员都参加了庆祝活动。

玛莎的出现，也吸引了军营中的其他妇女。其中包括格林夫人、斯特林夫人等等。晚上，夫人们常常到司令部聚会，相互交谈和轮流歌唱……玛莎在福吉谷和大陆军一起度过了寒冬。

在华盛顿多次的敦促批评之下，大陆会议成立了一个五人委员会，负责解决福吉谷冬营的供应问题，情况有了好转。福吉谷的严冬，好像一座革命大熔炉。它磨砺了人的意志、考验了人的信念、培养了人的军事技能。凡是能在军中坚持过来的战士，都称得上是英雄汉。

福吉谷之冬，物质上的磨难，只是一个方面，更令华盛顿烦恼的是精神上的压力和折磨。起因是萨拉托加大捷之后，美国舆论界掀起了一场“反华浪潮”。这个“华”，当然就是华盛顿，有人从背后对准华盛顿放冷箭。

背后射来的暗箭，有来自敌人营垒的，也有来自革命营垒的。对于敌人方面的暗箭比较容易对付，而对于来自内部的，华盛顿最感愤懑和悲伤。

英国殖民当局一直施展两手攻势：在战场上派出重兵，同时不断施展阴谋，以离间大陆会议与华盛顿的关系。有一件小事足见敌人手段之卑劣。

1777年，在伦敦出版了一本小册子，书名叫《乔治·华盛顿将军1776年致友人书》，内容有华盛顿不同意宣布独立的主张，这显然是恶毒的捏造。华盛顿获知以后，立即写信给大陆会议，揭穿英国当局的阴谋。

美国军、政两界上层中一些别有用心的人，早就暗中觊觎总司令这一职位。如本书在前几章所提到的查尔斯·李将军、盖茨将军等人，就曾拉帮结派、挑拨离间、造谣诽谤。

每个人都有精彩表演，想迫使华盛顿下台，自己取而代之。李将军非但没捞到地位，反倒当了英国人的俘虏。

盖茨将军还留在大陆军内部，而且官运亨通，步步高升。自从费城陷落，华盛顿就不断受到责难和诽谤，逐渐形成一个反对

他的派别。

说来令人痛心，现在反对华盛顿的，正是他一直视为好朋友的米夫林和盖茨，加上素为华盛顿所不齿的汤姆·康韦。

米夫林担任军需总长，在后勤供给上总是百般刁难。恰巧，碰上了一个志愿来美军服务的法籍爱尔兰人康韦。

此人自命不凡，态度傲慢，一来到美国就嫌准将军衔低了，向大陆会议伸手要少将军衔。

华盛顿听说康韦的非分要求，并得到米夫林等人的支持，就给大陆会议写了一封信加以反对。康韦立即投入米夫林派的怀抱，成为宗派集团的一个成员。

他们的目的是贬低华盛顿的声望，抬高盖茨的地位，把北方战役的胜利全部归功于盖茨。这位盖茨，正因交了好运而飘飘然，很乐于接受这种吹捧。

英军柏高英投降以后，他竟然没有向华盛顿送出任何报告，直接越级向大陆会议送了一道公文。华盛顿是直到后来才从另一位将军的来信中，得到一份柏高英投降书的副本。

华盛顿派人给盖茨送去一封信，平心静气而又严肃地指责其做法欠妥。此刻的盖茨是听不进批评的。而华盛顿当时对阴谋家们的活动还知之不多。

一次偶然机会，华盛顿觉察到了有人在搞阴谋活动，就给康韦写了一封短信，让对方明白冰山的一角已露出水面，奉劝他们还是赶紧悬崖勒马。

华盛顿在公开场合暂时对这些阴谋不予理会。如果公开反击，势必让敌人有可趁之机，甚至泄露军事机密。

大陆会议在11月27日改组军事委员会，任命盖茨为军事委员会主席。又在军事委员会设立总检察官，这个总检察官不是别人，恰恰就是康韦。而且，专门把康韦派往福吉谷营地去“检察”华盛顿的问题，伺机“夺权逼宫”。

康韦到了福吉谷，亲眼看见华盛顿在大陆军中的威信不可动摇，而官兵们对他这位总检察长怒目而视，终于不敢造次。

大陆会议最后弄清了是非，这场妄图以盖茨代替华盛顿的派别活动以失败告终。盖茨被调任北部防区司令，权力范围缩小，归华盛顿指挥。他向华盛顿提出，热切希望“忘记”这些不愉快的往事。米夫林则公开表示，华盛顿是他一生中“最好的朋友”。

这段反华盛顿的派别活动，为期不到半年，却影响深远，史称“康韦阴谋集团”。后世普遍认为“康韦是该集团的首脑，盖茨是傀儡，议会中的某些成员是帮凶”

# 萨拉托加大捷

萨拉托加大捷是世界战争史上著名的战役，是北美英属殖民地十三州独立战争胜利的转折点。该战役的起因是英军将领威廉·豪将军自一举夺取费城之后，完全沉醉于胜利的喜悦之中。

威廉·豪将军多次想夺取费城而未能得逞，仅一个避实就虚的战术就迷惑住了华盛顿，轻而易举地占领了这个中心城市。

费城是大陆会议的所在地，邦联的首都，政治意义非同一般，夺得费城就更加得到伦敦的信任。英军依托费城，就能站稳脚跟，消灭大陆军也就指日可待了。

同时，他不得不承认，华盛顿在特伦顿和普林斯顿的作战胜利，鼓动了北美人民的爱国热情，形成了一个不可低估的力量。

法国对英国夺取了它的海外殖民地心存不满，开始向大陆军提供大量军火，无疑将会增加英国取胜的困难。但总而言之，他还是比较乐观的，企图寻机一举歼灭大陆军的主力。

兵败费城后，华盛顿依然保持清醒的头脑。他既没有被以往的胜利冲昏头脑，也没有为暂时的挫折而丧失信心。

特别是在费城落入英军之手的颓势下，他心里完全明白：北美人民所面临的敌人，是曾经击败过西班牙、荷兰和法国殖民军的大英帝国的军队。

美军在战争初期，虽然消耗了英军的部分实力，但并没有从根本上改变英强美弱的力量对比，也没有改变武器装备英优美劣的态势。

大陆军将经受严峻的考验，他们不仅战绩欠佳，而且军队还处在缺粮、短饷和枪弹不足的艰苦境地。

但即使在这种情况下，丝毫没有动摇华盛顿对革命事业的忠心，要同部属们同舟共济，同甘共苦，团结一致，以坚韧不拔的毅力克服各种困难，积极准备反攻。

正当英军威廉·豪在费城重新运筹作战计划，华盛顿在福吉谷忙于扩军和训练的时候，他们双方的两个属将却沉不住气了。

首先是英军豪将军的属将柏戈因，他把圣莱格的撤退看作是无能的表现，把豪将军坐镇费城看作是保守、不思进取。于是，他未经过豪的批准，便擅自决定把自己的部队兵分三路，强行去攻打阿尔巴尼。

根据柏戈因的如意算盘，他把主力放在右翼，由弗雷泽准将率领，全军共2000人。左翼为1100人，由里德塞尔少将率领。柏戈因自己率中军，靠右翼前进，并随时准备加入战斗。

英军参加萨拉托加大战的部队作战英勇，其中一个重要原因是多数士兵为印第安人。但是，印第安人经常会有野蛮行为，所以柏戈因在出发前曾告诫手下的印第安士兵千万不要剥白人的头皮。

美洲土著印第安人有喜欢剥敌人头皮的习惯，在行军中，一支印第安人部队竟打死了美方一名亲英派军官的妻子，并剥了她的头皮。

此消息一出，美方阵营本来打算支持英军的保皇派立即改变了态度，纷纷起来抗英。这件事使柏戈因很恼火，预感到这次出征凶多吉少。

英军在行至弗里曼农庄附近，遭遇到美军阿诺德的部队，双

▲美国独立战争场面

方马上交火。战斗开始后，阿诺德发现敌人右翼与中路之间有空隙可钻，便协同美军摩根将军插入敌阵。

这下英军顿时大乱，眼看敌军有崩溃之势，恰巧英军左翼的里德塞尔驰兵来救，才防止了英军败势。

美军阿诺德将军马上请求使用后备队，但他的上司盖茨不愿发兵，阿诺德只好就此罢休。

这次战役，英军死600人，美方死300人。美国历史上称这次遭遇战为弗里曼农庄大捷。

此役结束后，美军阿诺德将军给他的上司盖茨写了一个报告。他在报告中说：

> 我认为我有责任告诉你，军队在纷纷请战。倘若两个星期不采取行动，部队至少将减员4000人，因为他们要生病或开小差。我有理由认为，弗里曼农庄之役若能善加利用，敌军可能早就被消灭了。

这封信显然是委婉地责怪盖茨在弗里曼农庄作战中没有增派援兵一事。盖茨阅读了此信后，极为不快。所以，他在向大陆会议报告战况时，只字不提阿诺德在弗里曼农庄战役中的战功。

阿诺德获悉后，向盖茨提出了抗议。盖茨接到阿诺德的抗议书，便行使他作为长官的权力，宣布免除了阿诺德的职务。

英军将领柏戈因获悉美军阿诺德与其上司发生矛盾并被免除职务的消息，简直喜形于色。他想，要等待援军前来配合作战，还有四五天的时间，这太长了。我应该抓住这个有利时机，在援军尚未到来之前对美军营地的左翼进行包抄。

柏戈因还凑了几条理由说明提前行动的必要性，而这一行动的另一个目标是掩护英军抢掠粮食，因为他们的粮食极度缺乏。

为了实现这一目的，柏戈因决定由他自己亲自挂帅，挑选1500名最精锐的官兵，携带两门12磅大炮，两门曲射炮，6门6磅炮，在菲利普和里德塞尔两位少将和弗雷泽准将协助下，向美军发动了第二次进攻。

在英国军事史上，从来没有一支同等人数的部队配备过这么强的指挥官，而且确实也很难找到一支同等人数的精锐部队可以同这支部队相媲美了。然而，这次军事行动却是一次得不偿失的行动。

柏戈因率领英军，在茂密森林的掩护下，把部队布置在距美军左翼不到314公里的地段上。同时，派出一支由巡逻骑兵、地方士兵和印第安人组成的部队悄悄穿过森林，进入美军的后方，以便在正面发动进攻的时候对美军进行骚扰。

英军的行动虽然是在森林掩护之下进行的，但还是被美方发现了。下午，美军中路的先头部队敲起军鼓，准备迎战。

美军盖茨将军命令军官们奔赴紧急集会地，并派遣副官长威尔金森前去查明原因。威尔金森手持望远镜，尽管那时望远镜的倍数很小，但他还是从一块开阔地的高坡上，看到了敌军的行动。他还看到，英军抢粮队伍正忙着在一块麦田里割麦子，几个敌军官也正在一个木屋顶上用望远镜观察美方军营。

威尔金森返回军营，向盖茨报告了敌军的位置和行动情况。他说敌军的正面是空旷的，他们的两侧有树林，因此，借着树林的掩护，可以对敌军发动攻击。

盖茨听了威尔金森的报告之后立即兴奋起来，回答道："你的意见有道理，送上门的'礼物'不能不收。"

盖茨很快就拟订好了一项进攻计划，就是派遣摩根率领步枪团和一支步兵营穿过树林迂回过去，占据敌人右侧的高地。普尔将军则带领他的由纽约和新罕布什尔军组成的旅以及勒尼德旅的一部，向敌人左侧挺进。

摩根和普尔接到盖茨的命令后，立即向英军占领的高地发动进攻。英军柏戈因将军这时已经命令自己军队摆好战斗队形。他刚刚把自己部队部署好，就听到左侧响起了隆隆炮声，右边树木密茂的高地上也爆发了步枪"哒哒"的射击声。

这突如其来的炮声、枪声，使柏戈因十分惊异和惶惑。美军普尔率领的部队沿着阿克兰的掷弹兵和威廉斯炮兵驻扎的山坡不断向前挺进。

阿克兰的掷弹兵首先遭到了猛攻。随着一批又一批英军部队

的到来，攻击扩大到整个战线。英军的黑森炮兵随后赶到，在他们发射葡萄弹的时候，美军士兵不顾一切地向他们的大炮猛冲过去。

就这样，英军的大炮有许多门被美军夺走，美军就用这些大炮来轰击它原来的主人。美军在战场上的英勇行为，在很大程度上是受到了被革职的指挥官阿诺德表率作用的影响。这位勇敢的军官一直盼望打仗，可盖茨却免了他的职，不让他带领军队，因此，他很恼火。一听到战斗声起，他再也按捺不住参战的激情跃上战马出发了。

盖茨看到他从军营中跑出去，便喊道：“叫他回来，他会做出冒失的事情来的！”

对盖茨的阻拦，不仅阿诺德不听，其他人也没法能挡住。阿诺德策马迅猛向前，率领部队冲到战场。士兵们听从他的命令，跟着他一直攻破了英军的阵地。

在这段时间里，美军摩根不断地用轻武器火力袭扰英军右翼，不让英军右翼给中央阵地以任何支援。英军弗雷泽将军带着那支精兵一度给右翼很大保护，他骑在一匹铁灰色战马上，身着校级军官制服，因而成了摩根狙击手们的活靶子。一颗子弹穿过了他的坐骑，另一颗子弹擦过马鬃。

弗雷泽的副官说：“将军，你成了靶子了，最好转移阵地吧！”

话音还未落下，弗雷泽就被一名埋伏在树上的狙击手打下马来了。当两名掷弹兵把他抬到军营时，他已经停止了呼吸。弗雷泽的阵亡无疑对英军挪弹兵团是一个致命打击。

此时，美军布鲁克将军率领一支人数众多的纽约州增援部队开到战场。这对美方来说是增加了胜利把握，对英方来说则多了几分惧色。战场上的天平开始失衡。

英军柏戈因将军认识到，英军是遇到硬仗了。柏戈因当时只想到要保全自己的营地。他命令最靠近战线的部队退到战线以内，由菲利普斯将军和里德塞尔将军掩护主力部队撤退。

为了防止主力部队被切断退路，他们放弃了大炮。英军刚刚退入营地，就遭到美军猛烈进攻。美军在阿诺德带领下，不顾葡萄弹和轻武器的密集火力，一窝蜂似地冲向防线。巴尔卡拉斯勋爵则勇敢地保卫工事。战斗十分激烈，双方都毫不退让。

阿诺德企图冒死冲进英军营地，但未能成功，接着他策马驰向英军后备队据守的营地右侧。在那里，美军布鲁克斯中校正带领着一个马萨诸塞州团发起总攻。阿诺德赶到那里，马上率领一部分士兵攻出一个缺口。但在退却中黑森军的一颗枪弹打死了他的马，打伤了他的一条腿，阿诺德被送回了营地。

这一战役史称贝米斯高地之役，英军死亡600人，美军死亡150人。阿诺德立了奇功，后人在战场上为他立了一个特殊纪念像，那就是一条中了弹的腿。因为后来立像时阿诺德已成为卖国

贼，不能立他的全身像，所以只立了他那一条曾两次中弹的腿。

夜幕来临，美军取得了决定性的胜利。柏戈因在夜间把阵地转移到北面的高地上。那里靠近哈得孙河，前面有一条峡谷掩护。美军在清晨占领了柏戈因放弃的营地。整个白天，双方都只是零零星星但不间断地打炮和用轻武器射击，没有发生大规模战斗。

美军盖茨将军认为，敌人现在处于有利位置，不值得拼死一战，花费巨大流血代价去强攻一支据守的敌军，是不可取的。于是，他采取种种措施来切断敌人退路，迫使敌人不得不投降。

盖茨将军派遣费洛斯将军带领1400人去占领哈得孙河东侧萨拉托加，俯射对面的高地，还另外派遣一些部队前往乔治潮方向哈得孙更上游的地段。

英军将领柏戈因这时已经意识到，他除了立即退到萨拉托加以外，别无其它出路。这是一次痛苦退却，偏又遇上大雨倾盆，道路高低不平，积水很深。马匹缺乏草料，饿得半死，有气无力。天明时，部队停下来休息，同时等待运粮食的船只。3小时以后，部队继续行军，可是过了不久又停顿了下来，为的是防止美军侦察队前来袭击。

第二天，雨下得更大了，加之中途屡次停顿，直到晚上英军才抵达萨拉托加。此时，一支美军先遣队已经先于他们开到那里，正在菲什基尔一个居高临下的高地上构筑工事了。他们发现英军后，停止了构筑工事，渡过哈得孙河，与驻在河东山头上的弗洛斯将军的部队会合。

经过一天一夜行军的英军士兵，几乎已经累得筋疲力尽，所以大多数人已没有气力砍树生火了。他们就穿着湿透了的衣服往泥地上一躺，在连绵不断的雨中睡着了。

美军从后面追来了。为了防止遭受美军袭击，柏戈因命令放火烧毁了菲什基尔河南岸的农舍和其他建筑物，其中包括斯凯勒将军的大宅邸，连同仓库、粮仓、磨坊和其他附属设施等，都被焚烧一空。

柏戈因的这个决定，受到敌友两方面的谴责。但是，他却用保存自己的原则来为这一行动辩解，他说："没有这一决定，我们可能早就变成北美人的俘虏了。"

美军费洛斯将军的部队驻在哈得孙河对岸的山头上，他们用大炮向英军攻击。由于受到美军炮火的控制，柏戈因的炮兵不能过河，试图退到通向加拿大道路上的乔治堡，以开辟通往爱德华堡的道路。

但是，柏戈因部队的行动很快被盖茨派来的部队挡住了。这时，哈得孙河对岸沿线各处都部署着美军部队，英军的运粮船遭到射击，有不少船被夺走。为了夺回一些船只，英军又伤亡了不少人。

为了摆脱美军的牵制，柏戈因紧急召开了一次军事会议。会

上决定，由于桥梁无法修复，只好放弃大炮和行李，让士兵们各自背一些粮食连夜挺进，强渡爱德华堡周围的浅滩。

柏戈因的计划还没来得及付诸实行，侦察兵就送来情报说，这些浅滩的对岸有美军驻守，爱德华堡和乔治堡之间的高地上，也有配备着大炮的美军部队驻守。

事实上，此时美军对英军已形成了三面的包围。柏戈因不得不放弃撤退的企图，开始加固他在菲什基尔北面高地的营地，继续盼望英军将领克林顿爵士派遣援军赶来，或者伺机突围。

在这种形势下，柏戈因手下的士兵每天夜里都不得不枕着武器睡觉。因为他们营地的四面八方不停地遭受到美军炮兵部队轰炸和步枪团袭击。

柏戈因陷入了绝望境地。由于遭受损失，由于加拿大人和保皇派分子开小差，由于印第安人全部变节，他的部队大大减员。

柏戈因同时还发现，手头的粮食只能维持3天。于是，他召集了一次有全体将级军官、校级军官和上尉参加的军事会议。

会议开得很短，与会者一致认为，有必要与美方盖茨将军签订一项按照体面条件投降的条约。就在他们议而未决的时候，一枚18磅的炮弹穿过帐篷，从他们围坐的桌子上面掠过。这一声巨响，敲定了他们投降的决心。

10月13日，英方派出使节同美军举行谈判，建议在条件未商定以前先停止战斗。美方盖茨同意了，但第一次提出条件是，英军应当在美方监督下放下武器，作为战俘投降。

英方愤怒地拒绝接受这种条件，并且暗示，如果美方坚持这样条件，战斗必将再起。后来，柏戈因将军提出建议，由英军带着大炮和各种武器，举着旗帜列队从军营开向一个指定地点，在他们自己军官命令下，把武器堆集在那里。美方应允许他们自由前往欧洲，条件是在这场战争中不得再在美国境内服役。

英军军官起誓不再带兵打仗后被释放，可携带他们的随身武器，一切个人财产神圣不可侵犯，不得搜查行李或加以干涉。盖茨将军最后接受了这一建议。

萨拉托加战役，英军柏高英将军向美军盖茨将军投降了。柏戈因在投降书上签了字。投降时，英国军队由于被俘、阵亡和开小差，已经从9000人减少到5700人。而大陆军却由此得到了壮大。

由于英军投降，大陆军获得了一大批急需的大炮、7000件轻武器和大量服装、帐篷和各种军用物品。这使美军的装备状况获得很大改善。

柏戈因投降以后，英国守军很快撤出了塞提康德罗加，退到核桃岛和圣约翰去了。至于哈得孙河畔的英军，就在他们大肆烧杀破坏的时候，奉克林顿爵士之命统率这支军队的指挥官，接到了令人震惊的情报，说前来支援他们的军队已经被俘。因此，他们无事可做，只好顺流而下返回纽约。

虽然美军在萨拉托加大败英军柏戈因成为了独立战争的转折点，但这时的英军主力并没有被消灭，华盛顿还被困在福吉谷，主动权还没有掌握在北美人民手中。但此役不久，改变战争主动权的形势就来临了。

华盛顿身为大陆军的总司令，却未能保住首都费城，自然受人指责。他手下将领有的提议发表声明，对此作出解释，更多的则主张组织兵力，拼死一搏，立即夺回费城。但华盛顿从长远考虑，决定要保存有生力量，宁可失地，不可失人，况且英军兵力的确大大超过美军。

华盛顿已经吃过硬拼的苦头，这一次，他绝不会再犯同样错误了。他决定把自己部队屯扎于离费城约20公里的一个原始森林中，即福吉谷，准备在那里休生养息，伺机反攻。不久，这个机会就在华盛顿的眼皮子底下发生了，那就是日耳曼镇之战。

# 大胆进攻日耳曼镇

英军夺取大陆会议首府费城之后，只留下查尔斯·康沃利斯率领的一支分遣队占领着，其主力则由威廉·豪将军率领驻扎在费城郊区的日尔曼镇。

当时，日尔曼镇还只是一条长街，南北延伸不过两公里。房屋大多数是石头砌成的，低矮而牢固，屋顶陡峭，屋檐突出。

房屋之间彼此不相连接。有四条道路从北面通向这个小镇。斯基帕克大道是主要的道路。这条路越过粟子山向艾里岭通到这个小镇，并穿过这个小镇通往费城。

在这条路的右面有一条几乎与之平行的道路，叫做莫纳托尼路或称山脊路，从斯库尔基尔河近旁通过，在小镇南面与主要道路相接。

小镇上有一处显眼的建筑，是一座宽敞的石头大厦，庭园中设有各种装饰品和雕像，还有小树林和灌木丛。这就是宾夕法尼亚首席法官本杰明·丘的别墅。

小镇被大街分成几乎相等的两部分，英军威廉·豪将军率领的主力驻扎在这个小镇南段。格兰特将军指挥的右翼在大道的东边，左翼在西边。每一翼都有兵力充足的分遣队掩护，并由骑兵守卫。豪将军和他的司令部就设在本杰明·丘的别墅内。

这支军队的先头部队由英军轻步兵第2营和大炮组成， 据守在距主力部队两公里以上的大路西边。它有一支外围哨兵队，驻在艾里岭上的艾伦宅邪。

按照华盛顿的进攻计划，沙利文的师和韦恩的师组成右翼，由沙利文指挥，斯特林勋爵指挥的后备队担任沙利文的后援，康韦将军的旅负责掩护沙利文的侧翼。

沙利文和韦恩按计划要沿斯基帕克大道前进，攻击敌人左翼。同时，由阿姆斯特朗将军率领宾夕法尼亚民兵，沿莫纳托尼路即山脊路往南袭击敌人的左翼和后方。

华盛顿在计划中还规定，由格林率领他自己的师和斯蒂芬将军的师组成左翼，顺着莱姆基尔思路推进，以便从市场进入镇里，由麦克杜加尔的旅掩护其侧翼。

斯莫尔伍德的马里兰民兵师和福尔曼的新泽西旅，则经过老约克路迂回，从背后攻击敌人。

华盛顿计划用213人兵力攻击敌人的右翼。当时的想法是：如果能攻下这一翼，全部英军必定被赶入斯库尔基尔河，或被迫投降。进攻行动预定黎明时分全面开始。

10月3日薄著时分，美军开始向预定地域行进，华盛顿随右翼出发，第二天黎明时分到达预定地域。这天早晨大雾弥漫，天色阴暗。

▲美国独立战争（油画）

华盛顿派了一支小分队去袭击驻在艾伦宅邪的英军外围哨所，但他们的行动被警惕的哨兵发现了。

英军哨兵用两门6磅炮放了几炮，就把他们赶跑了。

美军将领韦恩率领部队对英军的轻步兵营发起了进攻。炮火轰击之后便是步兵的冲锋。可英军没有等美军冲上去就溃散了。富有作战经验的英军指挥官强打精神，很快又把队伍组织起来，于是双方展开激烈的战斗。

英军在掷弹兵的支援下，又反过来冲锋。美军沙利文师和康韦旅在路西列成战斗队形，一起抵抗。其余军队因为在北部无法给予任何援助。

英国步兵在勇猛地战斗一阵之后，扔下大炮溃逃了。 韦恩的部队则在后面紧紧追击。双方展开了一场可怕的白刃战。

大雾弥漫，再加上枪炮的硝烟，使天色昏暗得几乎如同黑夜。英军官兵常常把自己人当成敌人，互相开火，等到发现弄错了之后才恍然大悟，个个放下武器失声痛哭。

大约到了中午，英军马斯格雷夫上校带着第40团的6个连慌慌张张进入丘氏宅，堵住门户和楼下的窗户，据守在楼上。后撤的英军的主力从旁边经过，在美军韦恩部队追击下进入小镇。

当美军部队开上来的时候，马斯格雷夫的部队用滑膛枪从据守的丘氏宅楼上的窗户向美军开火。因此，美军前进受阻。

对孤立无援之敌施以招安，是古今中外军事家都懂得的道理。于是，美军诺克斯将军决定派出一个使者前去丘氏宅，劝导守敌投降。

年轻的弗吉尼亚人史密斯中尉自告奋勇充当使者。他在前进途中遭到敌人射击，受了致命的重伤。目睹这一场面的美军官兵都很气愤，决定用大炮轰击这所房子，把顽固的敌人和这座房子一起化为灰烬，为史密斯中尉报仇。

但是，因为他们所用的炮不是重炮，所以没能取得预期的效果。一计不成又生一计，诺克斯将军又派人前去放火，焚烧丘氏宅邸的地下室。这时，一阵枪弹从地下室装有铁栏杆的窗户里射出来，把前去放火的士兵也打死了。就这样，半个钟头白白过去了。

美军牺牲了不少人，宅邸的守卫者却几乎没有损伤一根毫毛。为了争取时间，美军最后留下一个团监视这座宅邸，以防止宅内守军突围，其他部队继续追击敌人。

由于攻打丘氏宅邸的部队耽搁了半小时，把整个战斗部署给打乱了。首先是各师的联络被隔绝了。整个战场被硝烟和浓雾笼罩，信息难以传递。总司令无法了解全局情况，原定计划也不知执行得如何。

但不管怎样，许多地方的战斗进行的非常激烈。美军沙利文将军在纳什的北卡罗来纳部队和康韦旅的增援下，越过丘氏宅邸，前进了一公里。由于他的进攻，英军左翼被迫退却。显然，中路的计划在有效地实施着。

美军格林和斯蒂芬的两个师因需要迂回前进，投入战斗较晚。斯蒂芬师的一部为丘氏宅邸射出的猛烈火力所阻，不得不停下来还击。结果，这两支部队也互相失散了。

由米伦伯格旅和斯科特旅组成的格林师，向前推进得也很快，赶走了一个英军轻步兵先头团，抓到了一些俘虏，一直推进到离镇中心市场很近的地方。

在那里，他们遇到了严阵以待的英军右翼。他们的猛烈进攻对英军显然产生了效果，敌人开始动摇。这时，美方新泽西州和马里兰州的民兵在福尔曼和斯莫伍德的率领下又出现在敌人的右翼。

就在这个关键时刻，美军队伍莫名其妙地惊慌起来。据说，主要是士兵们把子弹用完了，看到敌人呐喊着向他们冲来，他们就慌了神。

美军韦恩那个师本来已经把敌人驱赶了3公里， 突然发现左侧有大批美军靠近，认为是敌军来了，也惊慌起来。士兵们不顾军官们的尽力劝阻，纷纷向后退却。相反，最初因遭到突然袭击而慌乱不堪的英军这时却镇定下来，反过来向美军发动起进攻来了。

美军在卷土重来的英军进攻下，不得不立即把大炮和伤员撤走。撤退持续进行了一整天，一直退到20公里外的珀基奥门溪。

美军虽然在胜利唾手可得的情况下遭到了挫折，但他们大胆进攻日尔曼镇的影响，却比列克星敦战斗和邦克山战役以来的任何一次战斗都大。

一位英国军事史家评论说："在这次作战中，美方发起攻势，虽然被击退并蒙受损失，却表明他们已经是一个不容小视的对手，他们不仅能够坚决地发起冲锋，而且能够秩序井然地撤退。因此，我们有些人原先曾希望同他们打一仗就能起决定性作用，就有可能使战争迅速结束。现在人们却不怎么敢抱这种希望了。”

此役对美国军队本身也产生了积极的影响。这可以从军官们当时写给他们友人的书信中看出。

一位军官写道：“虽然我们把一次‘完全的’胜利白白丢掉了，我们却从中懂得了一个可贵的真理：我们只要奋勇作战就能够打败敌人，我们在运动的速度上远远胜过敌军。我们士气高昂。每经过一次战斗，我们的军队都增添新的劲头，对自己的力量更有信心。再打两次仗，敌人的情况就一定不那么妙了。”

华盛顿这次撤退时的心情完全不像退居福吉谷时那样低落，因为经历了萨拉托加和日尔曼镇的战斗，他信心十足。此后，他在琅基奥门溪停留了几天，让部队休息和整顿，而自己则开始了新的作战部署。

华盛顿打算在兵力增强以后，逐渐向费城靠近，在距费城不到14公里的白沼布置了强有力的阵势。

原来美方曾在费城周围的特拉华河岸设置了堡垒，在河中设置了障碍物。当时的目的是为阻止英军进攻费城，华盛顿希望利用这些防御工事围困费城。因为经过日尔曼之战，这些防御工事已经受到很大破坏。

美英双方的指挥官，都想利用河中的堡垒和障碍物来制服对方。英军的豪氏兄弟企图攻占堡垒和障碍物，以巩固费城的防

御。华盛顿则想方设法地保住这些堡垒和障碍物，以围困费城。

原来，这些堡垒和障碍物组成的防御体系，建立在特拉华河中的一个地势很低、长满芦苇的小岛上。位于费城下游数英里的斯库尔基尔河口。

它由一个坚固的主堡和大量的外堡、炮台组成。小岛与宾夕法尼亚河之间只有一条狭窄的河道，河道水下设有牢固的拦河铁索，任何船舰撞到拦河铁索都会有危险。

这个防御体系的两侧一侧为米夫林堡，另一侧为默塞尔堡。这两个堡垒在费城失守之后都由美军占领。

驻守米夫林堡的是塞缪尔，史密斯中校指挥的马里兰军队，他们一直在不断地英勇抗击宾夕法尼亚的河岸上敌军炮台的轰击。

默塞尔堡原来由民兵驻守，但华盛顿这时用瓦农将军手下的400名罗得岛大陆军替换了他们。格林上校被任命为指挥官。

格林上校是一位勇敢的军官。他过去曾经跟随阿诺德出征加拿大，在魁北克城下的战斗中表现得十分突出。协助格林上校的是莫杜伊·杜普莱西上尉，他负责指挥炮兵。他是一个很有才干的年轻的法国工程师，志愿献身于美国独立事业，并经大陆会议授衔。

河道里的拦河铁索就是在他的监督之下建造的。格林在杜普莱西协助下，加紧在默塞尔堡修建防御工事。事实上，他们共有

4个营，1200余人，全部由爱出风头的多诺普伯爵指挥。

格林上校对突如其来的敌军毫不惊慌。他迅速进行了部署，准备进行坚决的抵抗。

不一会儿，一名英国军官打着小旗骑着马缓缓而来，还有一名鼓手伴随。他们行至适当距离时停了下来，用鼓声表示他们是来谈判的。那名军官威胁说，如果守军进行抵抗，就决不轻饶。格林回答道，美军准备与堡垒共存亡。

这位使节回到部队片刻，英方黑森军在距美军外堡不到半公里的地方架起排炮，开始猛轰。在炮火掩护下，英军开始冲锋。

这时，美方的外堡只修好一半，而且面铺得很广，来不及配备兵员防守。因此格林和杜普莱西临时决定，部队只作短时间抵抗，在英军接近时才开枪，然后退入主堡。主堡周围有一道架着木板、布有铁丝网和很深的壕沟组成的保护带。

英军首先进行了炮火打击。多诺普在炮火掩护下带领军队向前挺进。美军守备部队按照预定安排迅速放弃了外堡。英军从两处进入，他们以为胜利在握，猛攻主堡的各个部分。截至此时，他们还没有看到美方任何军队。但是，当其中一路从北面接近主堡时，堡垒的炮眼中和左边一个半隐蔽的炮队，突然射出大量的葡萄弹和雨点般的滑膛枪弹，许多英军被葡萄弹和枪弹击毙。幸存的英军仓皇后退。

英军带领另一路企图攻击主堡南侧的多诺普伯爵的部队，已

经越过了鹿砦。一些士兵已经冲过了壕沟，还有一些士兵已经爬过了栅栏。

这时候，一阵同样猛烈的炮火和滑膛枪弹射向了他们。一些人当场被击毙，许多人受伤，其余的人被赶了出来。多诺普自己也受了伤，倒在现场。他的副手明格罗德中校也受了重伤，生命垂危。还有一些最优秀的军官也被打死或打伤。

美军击退英军之后，莫杜伊·杜普莱西上尉到战场上巡视，发现有一个声音向他乞求："不管你是谁，请你把我从这里弄走。"

原来他就是英军指挥官多诺普伯爵。社普莱西派人把他抬到堡垒附近一所住宅里，细心照料。他气息奄奄地又活了三天。

这位伯爵临死时悲哀地说："我所从事的崇高职业即将过早地告终，我是我自己的野心和我的君主贪欲的牺牲品。"

按照计划，英军还要同时由水路对默塞尔堡对岸的米夫林堡发动进攻。所使用的力量是两艘快舰："奥古斯塔"号和"罗巴克"号，以及小型军舰"默林"号和一艘大木船。这些船舰强行冲过了下游的一道拦河铁索，但是"奥古斯塔"号和"默林"号在第二道阻拦线下游搁浅，怎么也动不了。

为了转移美方对这两艘军舰的处境的注意，其他舰只尽量驶近米夫林堡，并不断开炮轰击，但是河中的障碍物已经使航道堵塞，英军舰只始终无法进入十分有效的射程以内。

美军及时发现了这两艘英舰的情况，派了4艘火攻船前来，想把这两艘军舰炸毁，但没有成功。美军便使用大木船和浮动炮台向英舰发射猛烈的火力。

在战斗过程中，有一枚炮弹落在“奥古斯塔”号上，“奥古斯塔”号中弹起火。火势一发而不可收，最后“轰”的一声爆炸了，大多数英军在爆炸中身亡。看到大势已去，英军自己在“默林”号上放起了火，并且放弃了“默林”号。

“罗巴克”号和其他舰只载着余下的英军向河的下游驶去，不再进攻米夫林堡了。萨拉托加和日尔曼战役，成了北美独立战争的转折点。这两个战役之后，华盛顿开始组织大规模的进攻和反攻。

## 让阴谋在公开中破产

随着萨拉托加大捷和日耳曼镇战役的胜利，令人惊异的是事情就此发生了。盖茨未向华盛顿汇报这一战况，转移的大陆会议也是在此消息流传多时后，才接到盖茨的报告的。

为此，华盛顿派最得力的副官汉密尔顿给盖茨送信，信中祝贺盖茨的巨大成功，又委婉地说出："这样重大的一件事，同我们全盘作战利害攸关的一件事，我竟只能靠时间或信件的渠道得知……同这种事的重要性是不相称的。"

华盛顿还请盖茨把原先他调到北方的步枪团火速派往费城。华盛顿非常需要补充兵力。

但是，萨拉托加大捷使盖茨的虚荣心恶性膨胀，他不再把总司令华盛顿放在眼里，只让副官威尔金森上校交了一份报告战况的"紧急"公文给大陆会议。威尔金森在路上耽搁了15天不说，到了约克敦还花了三天时间专门为这份报告润色，以图嘉奖。

但令威尔金森大失所望的是，早就知道了战况的大陆会议反应冷淡，沉不住气的威尔金森在致盖茨的信中说：“大陆会议还没有授予我任何荣誉。其实，即令我的行为得不到他们的嘉奖，我也不会感到委屈，我强烈地蔑视世界，所以我不会产生这种可怜的感情。”

事情真的如此简单，那么华盛顿就不会派汉密尔顿给盖茨送信了。

在大陆会议中，有些对华盛顿成见甚深的人也开始利用萨拉托加大捷来诋毁华盛顿。而盖茨和他的前台搭档康韦、一个参加了大陆军的外籍爱尔兰籍军官，更是让自己的私欲膨胀开来。

美国独立战争的影响日见增长后，许多从欧洲来到美国的军官纷纷要求加入美军，这本来是件好事，但一些自命不凡的人一来就狮子大张口，要军衔、军权，康韦便是其中的一个。他要求少将军衔遭到华盛顿的坚决抵制，而康韦挂在自己嘴上的格言竟是“功劳不可讲，名利不可争”。这种口是心非的做法令华盛顿嫌恶万分。

像康韦这样的人却得到了军需总长米夫林将军的支持，米夫林对华盛顿深怀成见。于是，康韦就成为抬高盖茨以贬低华盛顿阴谋的台前人物。

华盛顿偶然从斯特林勋爵那里得知了这一涌动的暗流。11月9日，他向康韦发出一封警告信说：

先生，我昨晚收到一封信，信里有这样一段话，康韦将军在写给盖茨的一封信中说："上天决心要拯救你们的国家，要不然的话，一位软弱的将军和拙劣的顾问们本来会把它葬送掉的。"

这封信如一记闷棍，打得康韦喘不过气来，他立即提出辞呈。

对此尚不知底细的盖茨仍然陶醉了一段时间。11月27日，大陆会议军事委员会由三人增至五人，盖茨被任命为主席。

▲担任总统时的华盛顿

华盛顿近期的两次战场胜利形成的舆论首先给他造成的压力是，公众和他手下的军官都希望对费城英军也发动一次决定性的攻击。在军事会议上，华盛顿态度坚决地说："不能为追求军事荣誉而采取可能付出重大牺牲的军事行动。”这时，盖茨以北方战线仍很困难等理由，拒绝抽调军队加强费城外围大陆军的力量。

1777年对华盛顿来讲是非常艰难的一年。严冬到来，华盛顿移兵伏吉谷过冬，这里距费城32公里，便于监视敌军。但他的这支军队从7月以来便一直未得到军需部的任何援助，缺粮少衣状况极其严重，以至部队到达伏吉谷的第四天便发生了一起小规模的兵变。

华盛顿向大陆会议痛切陈词：军队处于瓦解危机的边缘，如果军队迫不得已像土匪一样在周围农村强征衣粮，即使纪律最严明的军队，也会被毁掉的。

饥寒交迫使伏吉谷的官兵们不堪忍受，诋毁华盛顿的暗流也越来越肆无忌惮。华盛顿决心反击。

盖茨终于知道了华盛顿已经了解他与康韦通信的事，他立即心乱如麻地对他所有的幕僚进行盘问，想弄清楚究竟是谁泄露了机密。一无所获后，他又非常滑稽地写信给华盛顿说，要他帮忙查出那个“挑拨离间”的家伙，因为这家伙既出卖了他，“也严重损害了您直接指挥的独立战争。”

大概是为了表示自己的光明磊落，盖茨这封信是通过大陆会议代转华盛顿的。

其实，盖茨所说的“这家伙”正是盖茨的副官，喜欢溜须拍马的威尔金森上校。威尔金森是无意中把信的内容说给斯特林勋爵的。

华盛顿回信严厉斥责了康韦出于私欲的阴谋活动，并同样把此信在大陆会议内公开。

盖茨震惊之中得知他的狼狈处境是威尔金森嘴巴不紧造成的，便把怨气撒到威尔金森头上。

威尔金森顿时恼羞成怒，于是向盖茨提出决斗。盖茨应战了。但在约定的决斗之日，盖茨却没带武器，而是把威尔金森拉到一边洒泪说道："我伤害你？这是不可能的事，就像我不可能想伤害自己的孩子一样。"

威尔金森受不得刺激，却容易安抚，他又掉转矛头，发给斯特林勋爵一张"传票"，因为他"太多嘴"。

斯特林不愿与他纠缠，爽快地满足了他的虚荣心，给他立下一个字据，证明威尔金森是与朋友欢聚时说的那些话，因而不算数。

盖茨本不是有头脑的政治家，他经过这一番表演，也让周围的人明白了，他们成不了气候。

暗流被击退了。

严冬给伏吉谷造成了沉重灾难，许多士兵冻饿而死，成百匹战马也饿毙荒野。新的问题又出现了。

# 扭转兵变危局

寒冷的伏吉谷，突然传来一个振奋人心的消息，这就是在1778年5月4日，大陆会议正式批准美法同盟条约。法国承认美利坚合众国是个独立的主权国家，两国友好通商，建立军事防御同盟。法国将直接出兵支援美国独立战争。

这是长时间来美国外交努力的重大胜利。华盛顿意识到，法国的介入，必将带动它的同盟国的支持。这样，英国在国际上将陷于空前的孤立，其海上封锁会被打破，这必然大大加强美国独立战争的力量。

华盛顿不但是军事统帅，而且还是一个胸怀全局，对政治、外交总体思考的政治领袖。独立战争刚开始他就意识到，要想打败世界上最大的殖民帝国，必须取得国际支持，特别是欧洲国家的支持。

英国在数百年的殖民争霸行动中，和欧洲列强结下了深深的

怨恨。最典型的是英、法两国长达一个世纪的争霸，直到“七年战争”法国战败告一段落。法国在印度的利益全部丧失，在北美只剩下几个岛屿，在南美只剩了圭亚那。英国一跃而成为世界最大的殖民强国。

美国独立战争爆发，令法国感到欢欣鼓舞、幸灾乐祸。它希望能给英国势力以打击，乘机恢复失去的殖民地和海上贸易地位。

1776年美国发表《独立宣言》前后，法国一些高层人士，就主张对美国革命抱支持态度。外交大臣韦尔热纳伯爵曾向法王路易十六列举了这样做的三大好处：一是可削弱英国势力，增强法国势力；二是可造成英国贸易巨大损失而扩大法国贸易；三是还很可能收回部分被英国夺去的美洲殖民地。

欧洲的几个老牌殖民国家如荷兰、西班牙也大致采取支持美国的态度。以华盛顿为首的美国社会精英们认为，正好利用欧洲列强与英国的矛盾，争取国际支持，加速独立战争的胜利。

▲华盛顿塑像

他们派出了精明强干而又极有声望的几位代表，前往欧洲积极开展外交活动。争取法国的外交承认，并参与对英作战。这些代表中，有西拉斯·狄安、本杰明·富兰克林和阿瑟·李等，其中最有影响力的，是富兰克林。

法国人都知道，富兰克林是驰名世界的学者和科学家，他在电学方面的杰出发明，使他成了法国科学院的名誉院士。他搞外交活动朴实无华、独具一格的风度，赢得了无数法国人的钦佩。

▲本杰明·富兰克林

他广泛接触各界人士，争取同情和支持。

法国知识界认为他可与思想家卢梭媲美，政治界则认为他是靠得住的国际盟友，而宫廷贵族们则为他的高雅风度所折服。

富兰克林的形象，甚至出现在各种纪念章和鼻烟壶上，他成了美利坚民族的象征，美国革命成了法国街谈巷议的话题。

富兰克林等人的外交活动取得了显著效果。法国政府在军火、物资、财政等方面，暗中给了美国许多援助。1776年5月，国王路易十六正式同意拿出价值100万列维尔的武器，通过法国

人办的公司和虚设的商业机构提供给美国人。

不过，富兰克林个人的声望和活动虽然是一种优势，但美国这场独立战争能否稳操胜券，实在没有把握。特别是1776年和1777年之间，美军在纽约和费城接连失利，使法国人不得不谨慎从事。

一旦宣布与美国结盟，就意味着对英国宣战。因此他们一直在权衡利弊，小心观望，迟迟不敢落下这着棋子。

当美国代表狄安、阿瑟·李和富兰克林请求签订法美商约和希望使用法国的8支船队时，连最支持美国革命的外交大臣韦尔热纳，也拒绝了美国人的要求。

萨拉托加大捷的消息传到巴黎，行情马上看涨。这场胜仗展示了美国的军事力量和胜利的美妙前景。

富兰克林不失时机地把消息通知法国政府，并运用灵活的外交手段，给法国施加一些压力，就是如果法国不同美国结盟，美国将掉过头来同英国议和。

关于与英国议和修好，的确不是空穴来风。柏高英将军的投降使英国朝野震动。英国政府被迫改变政策，向美国伸出了橄榄枝，做出和平的试探。

他们派出一个和谈委员会去美国，又派出密使去巴黎与富兰克林接触。英国提出的和平条件是，允诺给予不完全的独立，主要内容包括：英国议会放弃向殖民地征税，不向殖民地派军队，撤销美国所反对的英国议会法令，只要北美承认英国的宗主权。

华盛顿要的是完全独立，对这种条件自然不会接受。与英国的和谈，却成了美国对法国外交谈判的筹码。

1777年12月初，美国特使再次向法国提出缔结通商条约的问题。法国害怕美英和解于己不利，加快了法美结盟谈判的进程。

法国政府代表探问富兰克林：法国要采取什么步骤，美国才会拒绝英国人的和解条件？富兰克林直截了当地回答：必须立即缔结一项贸易与同盟条约！

为了不坐失良机，法国外交大臣向国王说："法国外交政策的根本宗旨，是用承认殖民地独立来削弱英国。现在不抓住机会，这种机会也许永远不会再出现了。"

经过法国国王批准，1778年2月6日，《美法通商条约》和《美法同盟条约》正式签订。代表法国签字的是韦尔热纳外交大臣，代表美国签字的是本杰明·富兰克林、西拉斯·狄安和阿瑟·李。

法国成了世界上第一个承认美国的国家。条约规定，美英交战期间，一旦法国与英国交战，双方应互相支持。任何一方不得单独与英国停战或媾和，直到美国的独立得到确立为止。条约缔结四个多月后，英国海军炮击法国船只，英法之间在"平静"了15年之后重新开战。

后来，西班牙也认为这是从英国手中夺回北美佛罗里达和直

布罗陀、米诺加岛、牙买加岛的有利时机，于1779年6月也向英国宣战。

俄国于1780年3月提出了武装中立宣言。接着又联合普鲁士、荷兰、丹麦、瑞典等国，组织“武装中立同盟”，乘机打击英国海上力量。

美国这场独立战争逐步变成了国际争端，国际环境对美国更为有利了。华盛顿非常清楚，美法结盟可能使美国从困难中摆脱出来。对法国而言，没有比在天平上从英国一边取下像美洲那样重的砝码，放在自己一边更为有利了。

但是，在欢庆的时刻，华盛顿的头脑非常冷静，他告诫人们：“美法结盟仅仅提供了一个有利的契机，要想取得独立战争的胜利，美国人民必须继续进行艰苦卓绝的斗争。”

华盛顿提醒大家说：“人往往易走极端。对不列颠的仇恨，可能促成对法兰西的过度信任。”

华盛顿同时提出一个原则：“对任何国家的信任，不可超过其本身利益所能约束的范围。我非常担心，由于法国承认了我们的独立，并且和我们结成了同盟，因而我们就认为再也没有什么可做的了，从而松懈下来，苟且偷安，高枕无忧起来。”

萨拉托加英军大败和美法同盟缔结成功，使得英国王室和内阁非常被动，一时无计可施。

1778年2月，内阁首相诺思提出了承认美国独立的主张，但国王乔治三世态度顽固，他说宁可失去王冠也决不向殖民地屈服。

华盛顿的立场是鲜明的。他坚持认为，没有独立，就没有和平。他说："除独立以外，其他一切都不可能算是达到目的。明眼人一看便知，时至今日，发生了这一切以后，建立在依附原则上的和平，也只能意味着羞辱与失败。"

华盛顿的爱国精神和凛然正气，得到人民群众和大陆会议的赞同。6月初，英国的"和谈委员会"成员从伦敦来到美国。

他们知道华盛顿的态度举足轻重，便带着华盛顿在英国的一位好友的信件，前来会见华盛顿，请求总司令给代表团开一张去约克镇的通行证。

华盛顿断然拒绝，并建议大陆会议不同这个代表团谈判。几天后，大陆会议正式回复，除非英国军队全部撤走，立即承认美国独立，否则决无和谈可言。

英国和谈委员们在美国逗留数月一无所获，最后只得打道回府。临行前发表了一个带威胁口气的"宣言"。声称如不废除同法国的同盟条约，拒绝同英国议和，这将意味着一场毁灭性的战争。

殖民主义者就是这样不肯轻易退出历史舞台！这个时候，它自以为还有一支装备精良的军从，占据着美国最大的城市费城。

就在英国政府一只手派遣和谈代表去美国讨价还价的时候，

另一只手同时在积极备战。他们决定阵前易帅，派亨利·克林顿将军接替威廉·豪勋爵的司令官职位。

英军的失败，令这位侵略军司令受到很多责难。英国人说他听任叛军把他指挥下的优势军队围困在城市里，指责他没有与柏高英配合，致使英军惨败。

豪将军不服气，埋怨英国内阁不听他的建议，他自知没法再干下去了，就提出辞呈。亨利·克林顿将军于5月11日起接替指挥英军。

英军新上任的亨利·克林顿将军，对下一步的战争作出了新的部署。他密切注视着华盛顿和法国军队的动向。据他侦察得知，一支强大的法国舰队，载着1800名官兵正向北美驶来，协助美军作战。

英国的新司令上台，重新部署兵力，准备再战。华盛顿更是时刻警惕，准备迎接新的军事进攻。他提醒他的同胞，千万不能因为有了法国的承诺，从而松懈警惕。

5月20日，华盛顿在伏吉谷得到情报，英军似有撤离费城的迹象。费城军营里出现忙乱，英国人忙着收拾个人行李。有人在拍卖东西，重炮装上了船，运输船上安装了运载马匹的设备，装好了干草饲料。

华盛顿冷静分析，判断敌人很可能是真要撤退了。因为英法之间一开战，法国海军有能力封锁水路，英军驻在费城就很危险。但华盛顿还不清楚英军撤向何处？敌人在撤退前是否会发动一次恶战？

狡猾的英军行动十分诡秘，将近一个月按兵不动，仍然把费城控制在手中。目前英方亨利·克林顿手中的人马约有1.5万人，华盛顿的大陆军也差不多是这个数目。

6月18日清晨，克林顿将军率领全部英军迅速撤出费城，向着桑迪岬半岛开进。

桑迪岬半岛与大陆之间有一道很深的海峡，英军用船只组成一座跨越海峡的浮桥，让陆军部队开过去。然后再分散去斯塔滕岛、长岛和纽约岛。

英军在纽约大抓壮丁，给大船配备人员准备出海。看来是准备对付法国舰队的到来。美军随后收复了费城。乘英军撤退之机，华盛顿乘势追击。他派在萨拉托加战役中负伤的阿诺德将军率一部留守费城。令从英军那里交换回来的李将军和韦恩将军，分别率军前去柯利尔渡口。

华盛顿亲自率领主力部队渡过特拉华河，到普林斯顿扎营。又指挥民兵埋伏在英军退却路线两旁的森林中，截断水源粮草，破坏桥梁，伺机打击行进中的敌人。

英军部队臃肿庞大，动作缓慢，首尾拉出足有12公里。而美军轻装前进，已赶到英军前头。英军主将克林顿突然发现这一情况，立即改变行军路线。由北上改为往右折，向通往蒙默斯和米

德尔顿的方向，再到海口登船去纽约。

6月27日晚，英军8000主力到达蒙默思附近驻下休息，右翼是黑森雇佣军，据守在与米德尔顿相连的大路上。

美方李将军现在已恢复副总司令职务，带领6000美军前锋追赶到距英军仅5公里的地方，华盛顿率领主力部队跟在后面。

华盛顿命令李将军立即进攻敌人左翼，主力部队从右翼包抄过去。战场形势对美军十分有利，应该是稳操胜券了。可是这位复职的李将军又积习不改、故态复萌。战斗刚刚打响，李将军莫名其妙地违抗军令，带领部队往后撤退。

取胜良机稍纵即逝，反倒打乱了华盛顿的部署，使韦恩的部队找不到友军，一侧暴露在敌军火力之下，陷入一片混乱。

韦恩两次派人要求李将军调回部队支援，得不到任何答复，不得已跟着撤退。

华盛顿赶到前沿时，战局已十分紧急，立即命令格林从左面冲杀，韦恩从正面抗击。美军打得机智勇敢，一直打到夜幕降临终于反败为胜。克林顿害怕遭到夜袭，趁着月色连夜运走伤员逃之夭夭。

美军这场追击战本可大胜，可惜因李将军的抗命放跑了大鱼。华盛顿对李将军的战场表现感到很恼火，险些坏了大事。就向先头部队书面调查取证，成立了由一名少将、4名准将和8名上校组成的军事法庭，对李进行审理。

审问过程中，李将军脾气暴躁，说话刻薄，甚至恣意谩骂。法庭调查结果，判定他违抗军令，未对敌军发起进攻。

军事法庭最后给予停止指挥权一年的处分。李将军还是不服气，就给大陆会议主席写了一封辞语侮慢的信件，结果他被革除军职一撸到底，回到弗吉尼亚老家去了。

美国的独立战争，如果都像人们所盼望的那样顺利，胜利早就应该来到了。可惜天地间总是好事多磨。

假如法国的舰队早些到来，就可能使英军陷入困境。美法联合作战，从海上和陆上包围英国军队，切断其向纽约撤退的通路，就可能迫使英军投降。

事实上法国派出的由12艘大战舰和6艘快速舰组成的舰队，逆风在海上航行了整整87天，才于1778年7月初到达弗吉尼亚海岸。

姗姗来迟的法国舰队，受到美国军队的热烈欢迎。乘舰而来的有地面部队4000人，同来的有法国驻美国公使热拉尔。

舰队司令是久负盛名的沙场老将德斯坦伯爵。华盛顿被大陆会议授权，同德斯坦司令官共同制定进攻计划。

他们计划第一步攻取桑迪岬。法国舰队很可能摧毁停泊在那里的英国舰队。华盛顿率领美军渡过哈得孙河，待法国舰队攻势得手即配合行动。

当时法国官兵也异常兴奋，他们以把美洲从英国国旗下拯救

出来的勇士自居。他们的第二个计划是夺取罗得岛。这里是英军的重要军事要塞和物资储备基地。统率该岛的皮尔戈特将军，手下有6000人马，分布在岛上的各个工事和防线。

遗憾的是，由于各种原因，两次机会都化为泡影。1778年这一年的战局，就这样以美法联军无大作为而虚度过去了。

1779年的仗怎么打？经过周密分析研究，华盛顿决定仍应采取守势。以防守来赢得时间，解决内部新出现的严重问题：统一思想，加强团结，积蓄力量，协调与法军的联合行动，以对付仍然急于速战速决的英国军队。

长期的战争，使美国的商业活动几乎绝迹，商品奇缺，物价飞涨，一个士兵一个月的工资竟然买不了一斗小麦，一个上校的薪水竟然养不活一匹战马。

无权征税的大陆会议也越来越暴露了它效能的局限性，当它把支持军队的具体工作责任都交给每个州政府时，贫富不同、热情程度不同的州对本州军人的资助也就不同了。一些军饷少的士兵开始疑虑，他们为国家的独立自由而战，但代表国家的政权机构现在却如此对待他们，将来又会怎样？

1780年5月15日，这种危险的情绪突然爆发了。康涅狄格州的两个团在莫里斯兵营的阅兵场上集合，表示要用刺刀索取起码维持生命的衣物。几经劝说，一度极为紧张的局势虽然缓解了，但随时可能再度爆发。

面对兵变危局，华盛顿向宾夕法尼亚州州长里德紧急呼吁提供援助，以挽救濒于崩溃的军队；同时致函大陆会议，深入剖析13个州缺少统一步调，对战争的严重不利影响，希望大陆会议能以更明确和果断的方式，承担起整个独立战争的责任。

在当时，仅有几百万人口的美国，人口资源不但少而且分散，处于资本主义发展初期的生产力仍很低下，波及全国的战争创伤又使全国的经济严重停滞衰退。整个国家已精疲力竭，军队士兵的耐心也快到了极限。

在危机四伏中，华盛顿再一次向大陆会议连连呼吁，为打赢这场战争，寻求外国贷款刻不容缓。

12月28日，他的呼吁终于促成了约翰·劳伦斯中校的法国之行。

可是，远水难救近火。就在1781年元旦之夜，六个全副武装的宾夕法尼亚团士兵突然出动，宣布进军费城，要大陆会议公正对待他们这些为国家独立而出生入死的人。

韦恩将军闻讯而至，极力劝导士兵“冷静”。见劝说无效，韦恩将军便拔出手枪。

士兵立刻用刺刀对准了韦恩的胸膛说：“将军，我们尊敬您，爱戴您。但如果你开枪，我们就要你死在这里，别误解我们，我们不是去投敌，如果敌人现在出动，你还会看到我们像以往一样坚定而迅速地在你的指挥下参加战斗。”

韦恩手软了，这个勇于白刃战的将军素有“疯狂的安东尼”之称，但现在他只好让路。韦恩马上命令手下军官火速报告大陆会议和华盛顿，并立即筹集粮食送给已出发的兵变部队，他自己则带领两名与士兵感情融洽的校官追赶他们，继续进行劝说工作。

1781年1月3日，华盛顿得到兵变报告，当即指示韦恩，绝不可武力解决兵变，应尽快摸清士兵动机，许诺士兵的合理要求，并保证对其负责到底。

在发信的同时，华盛顿紧急巡视了哈得孙河上的哨所要塞，防止英军乘虚而入。

兵变造成费城的大恐慌，大陆会议马上派出一个代表团迎着兵变部队而去。在普林斯顿代表团遇上了兵变部队。

两名前来诱降的英军间谍也混进了兵营，但这两个倒霉蛋很快就被士兵五花大绑地交给了韦恩发落。这个举动使代表团、韦恩及宾夕法尼亚州长里德大大地松了口气。

代表团满足了士兵的请求，一场严重的危机化解了。两名间谍被绞死，抓送间谍的士兵受到奖励，但士兵拒不领赏，说“我们并不是为了赏钱”。

这支兵变部队一路上都保持了严格的军纪，里德州长甚至感到，世上再也没有像这样更有秩序彬彬有礼的“暴乱分子”了。

但莫里斯兵营震荡的余波影响甚远。1月20日，庞普顿兵营的部分士兵也发动了兵变，宣布要得到宾州士兵相同的许诺。

这一次华盛顿采取了强硬措施，他命令马萨诸塞州的郝少将一举镇压了兵变，当场处死两名为首分子。这支兵变部队中大多数是外国人，华盛顿对他们便不再那么心慈手软了。

连续的兵变，唤醒了整个美国的危机意识，大陆会议又把六年前富兰克林博士成立邦联的提案拿出来讨论。当初这个提案曾因一些州的反对而被束之高阁，但现在却为各州迅速批准通过了。

3月1日，《邦联条款》正式生效，这意味着13个州已同意联合起来，组成一个统一的国家。

苦撑兵变危局的华盛顿对这一结果深表满意，他向大陆会议发信表示了热烈祝贺，希望这一成果能起到一个更大的作用，就是在外部压力消除后，美国也不至于陷入州自为政的分裂局面。华盛顿仍在敦促加速落实争取外援的行动，而一个统一的政府也为寻求外援提供了有利条件。

从1780年下半年至1781年上半年，美军在战场上取得的胜利以及法国远征军的到来，大大增强了美军的实力，同时也鼓舞了美国人民取胜的信心，使战场上的力量对比发生了巨大的转变。

在这种形势下，华盛顿认识到，进行战略决战的形势已经成熟。此时，一个新的作战计划，正在华盛顿的心中酝酿着。

# 全胜约克镇战役

一个时期以来，华盛顿一直在反复思考战略决战的地点。经过深思熟虑和认真协商，他主张把战略决战的地点定在纽约。

他认为：纽约是美国屈指可数的大都市，又是英军主力部队的驻扎地，而且非常适合进行陆海军协同作战。只要法国海军和陆军驶抵纽约，美法联军协同作战，水陆夹击，就能稳操胜券，从而结束整个北美的战事。

但他也知道，事态的发展往往不能以人的意志为转移，因此他主张，如果在纽约决战的构想不能实现，也可以在南方的某个城市寻找战机。

1781年5月下旬，华盛顿在瑟斯菲尔德举行军事会议。在会上，华盛顿正式向法方提出了这一战略构想，并要求美法联军尽早在纽约附近集结，完成对纽约的合围。事后不久，华盛顿又写信给法军舰队司令德格拉塞将军，要求他向纽约湾方向挺进，以便协同作战。

在华盛顿的部署下，美法联军在南进的过程中，英军始终被蒙在鼓里。9月初，美法军队在海湾作战击败英军，从而掌握了约克镇地区的制海权，为未来的决战提供了有利的条件。

同时，一支法国舰队冲破了英军的重重封锁，从纽波特开到切萨皮克湾，为法军运来了重炮和大量物资装备。直到此时，英军才大梦初醒，意识到华盛顿的战略进攻方向在约克镇。

康沃利斯如坐针毡，他知道自己的处境十分不妙，企图立即撤退到卡罗来纳去，但为时已晚。在海上，法国舰队已牢牢控制了约克河河口和切萨皮克湾的制海权；在陆地上，美法联军大军压境，通往各个方向的通道已全部被封闭，此时的英军真可谓上天无路，入地无门。在万般无奈的情况下，康沃利斯只好把军队全部撤至约克镇地区，并坚守不出。

康沃利斯的这一举动则使他彻底放弃了征服弗吉尼亚的计划，把几乎所有部队都撤入了约克镇。这样一来，他们便落入了华盛顿早已设好的陷阱中。

情急之中，英军又一次暴露了它凶残野蛮的真实面目。为解约克镇之围，救助处于绝境的康沃利斯部队，黔驴技穷的克林顿爵士使出了最卑鄙的一招：命令叛将阿诺德出兵东征，对康涅狄格州进行残酷血腥的蹂躏，以期转移华盛顿的视线。

康涅狄格的人们变得异常地愤怒，面对强敌突袭，守城军队

和民兵毫无惧色，奋起顽强抵抗，打死打伤大量敌军。后因寡不敌众，城防要塞终被攻破。

入城后，丧心病狂的英军野蛮地屠杀已经放下武器的战俘，并对城市和平居民进行血腥的报复，把这座美丽繁华的海滨城市付之一炬，使之化作一片灰烬。

在向约克镇进军的途中，华盛顿回到了阔别六年之久的弗农山庄。虽然家乡和田园生活对华盛顿充满了不可抗拒的诱惑力，但此次返乡他只小住了两天，便匆匆踏上了征程。

六年前的那一天，他为了民族的命运毅然抛家舍业，投入到一场扑朔迷离、前途未卜的革命风暴之中。

六年后的今天，他再一次告别家园，此时他已胸有成竹，志

▲约克镇战役中的华盛顿

在必得，他要为胜利地结束这场伟大的战争而进行最后的搏击。

约克镇位于约克河河口地带南岸的一个突出部位上，它的东面是切萨皮克湾，西面距威廉斯堡不远。

约克镇战役是乔治·华盛顿将军率领的美军和罗尚博伯爵带领的法军联手围攻困守约克镇的由查尔斯·康沃利斯将军指挥的英军，并最终获得决定性胜利的战役。

在美国独立战争中，一般认为这场战役是最后一场陆上大型战斗。在康沃利斯的军队投降之后，英国政府决定进行谈判并结束这场战争。这次战役是美国独立战争战略反攻阶段的最重要战役，也是美国独立战争最后一个正面大仗!

在美国军队的反攻下，1781年8月，康瓦利斯统率7000名英军死守弗吉尼亚的约克镇。1781年8月，法美联军由华盛顿统率，南下弗吉尼亚，而增援的法国舰队也在法国海军司令德格拉斯伯爵率领下由西印度群岛调来，进入切萨皮克湾，进抵约克镇城外的海面，并且击退了增援的英国舰队，掌握了制海权。

9月28日，华盛顿部大陆军和罗尚博伯爵部法军在维吉尼亚与拉法叶侯爵部大陆军会合，法美联军共1.7万人完成了对约克镇的合围。

英军康瓦利斯无路可退，只得于1781年10月17日与美法联军进行投降谈判。10月19日，驻守约克镇的英军共8000人正式投降。此后，双方只有数次海上和陆上的零星战斗，其余战事已大致停止。

约克镇围城战役之后，英国议会被迫赞成议和，1782年11月30日，英美两国签署《美英巴黎和约》的草案，1783年9月3日，美国成为美洲首个独立国家。这是美洲独立的开始！

那么，约克镇战役，法美双方是如何合作取胜的呢？1780年12月20日，英方贝内迪克特·阿诺德带着1500名部队从纽约起航前往朴次茅斯。在其途中，阿诺德于1781年1月5日至7日期间突袭了里士满，并击败了当地的民兵，随后返回朴次茅斯。

此前，1780年7月，美方德斯特奇斯海军上将率领5500名士兵抵达新港。由于受到华盛顿及法军指挥官罗尚博伯爵将军的激励，德斯特奇斯带着他的舰队南下，并对英方阿诺德的军队发起了一场海陆两军联合进攻。美方拉法叶侯爵也统帅1200人的部队向南支援，配合友军进行攻势作战。

但是，美军德斯特奇斯却不愿派出太多舰队，只在刚开始进攻时派出少量舰队支援。在他们证明这样做是无效之后，德斯特奇斯才于1781年3月派出一支拥有11艘战舰的舰队，但是他们在切萨皮克湾河口为英军所败。

3月26日，英军威廉·菲利浦少将率领2600名士兵赶来增援阿诺德。在菲利浦抵达后，阿诺德又发起了一次突击并击败民兵，更于4月25日将彼得斯堡的烟草仓库全数焚毁。紧接着，里士满也几乎将遭遇同样的命运，但幸运的是，美军拉法叶部赶到了，英军见状便决定撤回彼得斯堡，而不愿与其发生大型战斗。

5月中旬，英方查尔斯·康沃利斯与手下的1500名士兵在吉尔福德县府战役中损失惨重后，抵达了弗吉尼亚州。

康沃利斯的上司英军将领亨利·克林顿尚未同意他放弃卡罗莱那地区，但康沃利斯相信他所钟爱的部队将会轻易的征服整个弗吉尼亚。

在英军康沃利斯的军队及其它来自纽约的援军抵达之后，英军的数量来到了7200人之众。康沃利斯想在返回约克镇重新整补之前，先将美军拉法叶的3000人的部队赶出这一区域。

5月24日，他紧追在拉法叶之后，但拉法叶却撤出里士满，并联系上美军巴隆·冯·斯托本和安东尼·韦恩所指挥的部队。

英方康沃利斯并未继续追赶拉法叶，而是选择派出奇袭队，在弗吉尼亚中部攻击粮仓并持续破坏美军运输部队，直到6月20日才将他的奇袭队召回。

之后，康沃利斯在前往约克镇的途中，与美军增强为4500人的拉法叶部队发生多次前哨战，最侯才抵达约克镇并开始修筑防御工事。

7月6日，法军和美军在纽约市北方的白原市会师。虽然罗尚博拥有将近40年的战场经验，但他却从未挑战过华盛顿的权威，而说出像是告诉华盛顿他是来协助不是来被命令的之类的话。

华盛顿和罗尚博商讨着要在何处发起联合攻击。华盛顿相信

进攻纽约市是最佳选择，因为法美联军与英军的数量比为3比1。

罗尚博不同意这项看法，并争论说法军德·葛拉瑟海军上将率领的舰队从西印度群岛前来美国海岸后，正在寻找比纽约更容易进攻的目标。

7月初，华盛顿提议进攻曼哈顿岛北部，但是它的部下及罗尚博皆反对此项行动。华盛顿持续地侦查纽约地区，直到8月14日他收到法军德·葛拉瑟海军上将的信件，上面叙述他带着29艘战舰与3200名士兵前往弗吉尼亚地区，但是他只会在那里待到10月14日。

德·葛拉瑟上将鼓励华盛顿到南方寻找发动联合攻击的新目标。在得知这项消息后，华盛顿终于放弃了攻占纽约的计划，并开始计划行军到南方的弗吉尼亚。

乔治·华盛顿将军和罗尚博伯爵于8月19日开始向约克镇进军，于是4000名法军和3000名美军便朝着新港的方向前进，而其余军队则负责断后，并保护哈德逊山谷。

华盛顿希望让其部下完全不知其目的地为何处，并保持绝对机密。华盛顿运用间谍向英军将领克林顿发出了假消息，使他相信法美联军即将向纽约发起大规模的攻击，而英军康沃利斯守卫的约克镇则没有受围之危。

9月2日到4日间，法军及美军在费城举行了阅兵式。士兵们在那里宣誓，在收到一个月的薪晌前，绝不离开马里兰，大陆议会也允诺将会给予。

9月5日，华盛顿得知法军德·葛拉瑟海军上将的舰队抵达弗吉尼亚海角。德·葛拉瑟麾下的法军加入并成为美军拉法叶部队的一部分，接着他再将美军送上空运输船。华盛顿在前往约克镇的途中，曾在维农山庄的家待一阵子。

到了八月，英军将领克林顿从纽约派出一支舰队攻击法军德·葛拉瑟上将的舰队，但他和康沃利斯都未查觉这批法国舰队的数量之大。

英国舰队在汤玛斯·葛瑞夫斯的指挥下，于切萨皮克湾海战中为法军德·葛拉瑟上将的舰队所败，被迫撤回纽约。

9月26日，运输船带着火炮、攻城器及由艾尔克指挥的法国步兵和突击队抵达切萨皮克湾北端，这为华盛顿带来了7800名法军、3100名民兵及8000名大陆军。

9月28日清晨，华盛顿指挥部队从威廉斯堡出发并包围了约克镇。法军取得了左方的阵地，而美军则取得了右方阵地。

英军康沃利斯拥有包含七座堡垒以及由防御工事相连的炮台群，可用来防卫位于格洛斯特点的狭窄约克河。这天，华盛顿在侦查过英军的工事之后，认定他们可以透过连续轰击来迫使英军投降。 美军和法军度过了28日的夜晚，而工兵团则利用此时建立了通过沼泽的桥梁。

9月29日，华盛顿的部队又更加靠近约克镇，而英国炮兵也

开始炮轰那些步兵。虽然英军火炮一整天里不断向美军开炮，但却只造成轻微的伤亡。在美军步枪射手的射击下，黑森猎人便被换了下去。

除了在约克镇西边的燧发枪团堡垒及东边的9号及10号堡垒外，英军将领康沃利斯下令其他部下撤出所有外围防线。

由于英军将领克林顿寄信给康沃利斯说一星期内将会有5000人的援军赶来，于是康沃利斯命令部下占领所有约克镇周围的防御工事，也希望到来的援军能够加强防线。

美军和法军占领了英军所放弃的防御工事之后，也开始在那里建立他们的炮台。在拥有了英国外围防御工事后，法美联军的工兵开始在其之上设置火炮。他们努力地工作以便加强战壕强度。英军也持续加强他们的防线。

9月30日，法军进攻英国燧发枪团的堡垒。法军在持续两小时的前哨战中，遭受一些损失后被击退。10月1日，法美联军从英军的逃兵得知英军为了保存他们的粮食，屠杀了数以百计的马匹并弃置在海滩上。

美军阵营将数以千计的树木砍掉，以用来加强他们的防御工事。战壕的准备工作也已开始。由于法美联军开始将火炮布置在火力范围内，于是英军持续炮轰他们。这时英军又提升了火力强度，并让联军遭受较严重的伤亡。

虽然一些官员向华盛顿报告敌军的火力持续增强，但华盛顿依然持续探访前线。10月2日晚间，英方为了掩护骑兵护送猎食步兵团抵达格洛斯特，英军发动了一次强大的火力做为掩护。

3日，在英军将领伯纳斯特·塔尔顿指挥下的猎食步兵团冲出，但随即遭遇了美军由马奎斯·德·乔易斯率领的洛赞的军团及约翰·美瑟的弗吉尼亚民兵。英军的骑兵很快就被击败，并退回他们的防线，并损失了50人。

10月5日，华盛顿几乎已经完成建立第一条战壕的准备。这天晚上，工兵和地雷工兵持续地工作，并以湿的沙块来标记战壕的路径。

10月6日入夜以后，部队在暴风雨中挖掘第一道战壕。华盛顿隆重地用斧头挥出建立壕沟的第一步。壕沟大约有1,829米之长，从约克镇一路延伸到约克河。有一半的壕沟是由法军所控，而另一半则为美军控有。

在法军防线北边的末端处，又另外挖掘了一道壕沟以便炮轰河上的英军舰队。法军奉命向英军发起一次佯攻以分散后者的注意力，但是英军从法军逃兵口中得知了计划，并将炮火转向进攻燧发枪团堡垒的法军。

10月7日，英军发现联军新的战壕正好在滑膛枪的范围外。在接下来的两天之内，联军成功把大炮拖到战线上。而英军看到此状后，其火力首次减弱。

10月9日，法军和美军所有的火炮皆到位。美军共有3门24磅

炮、3门18磅炮、2门八英寸榴弹炮及6门臼炮。下午三点，法军的枪炮开启攻势，并迫使英国护卫舰“瓜德罗普岛号”驶离约克河，以及自行凿沉来避免被掳获。

下午5时，美军也开始炮轰。华盛顿开了象征的第一炮，而该炮弹正好落在正在用餐的英国军官的桌上。联军的炮火开始摧毁英军的防线。

华盛顿下令彻夜炮轰，使英军无法进行维修。所有在左翼英军的炮火很快地便沉寂下来。英国士兵开始在他们的战壕破坏帐篷，且开始大批逃亡。港口中的英国舰队也因一些从城市飞过的炮弹所击伤。

10月10日，美军在约克镇发现了一栋大房子。由于相信英军将领康沃利斯就在该处，他们便瞄准它并迅速将其摧毁。

康沃利斯自行凿沉在港口内一打以上的船只。法军开始炮轰英军船只，炮轰期间直接命中英国战舰“查隆号”，使其起火燃烧后，更延烧到周围两三只船舰。

康沃利斯从克林顿处得到消息，英国舰队拟于10月12日离开，但是康沃利斯回应说，他将无法支撑多久。

10月11日晚间，华盛顿命令美军挖掘第二道战壕。虽然这使他们又向英军战线推进了366米，但却不能延伸到河流，因为在那里有两个英军堡垒：9号和10号堡垒。

整个夜里，英军依旧在原先防线等待，因为康沃利斯并未发现新的一条战壕正在挖掘中。12日曙光乍现前，联军部队都已驻扎在新的战线上。

到了10月14日，战壕与9号和10号堡垒的距离已缩小至137米。华盛顿命令所有在火力范围内的火炮向堡垒轰击，以减弱接下来突袭时所遭遇的抵抗。

10号堡垒较接近河流且只有70人驻守，而9号堡垒则在距河流0.25公里的内陆，还有120名英军与德军的防守。 两座戒备森严的堡垒都被距离约25码处的一排拒木，以及周围的沟渠和泥泞的小堡垒包围。

华盛顿制定了计划，并使法军向燧发枪团的堡垒进行牵制性的攻击，半小时后，法军和美军将会分别进攻9号及10号堡垒。

9号堡垒将会面临由威廉·冯·泽威布鲁肯所率领之400名法国正规军的攻击，而10号堡垒则将面对亚力山大·汉弥尔顿麾下400名轻步兵的进攻。

联军在决定要由谁带头进攻10号堡垒时发生了小小的争议，就是美军拉法叶提议由他的副官德·吉马特骑士负责当先锋，却遭到汉弥尔顿以高级官员的身分反对。华盛顿则同意汉弥尔顿指挥这次进攻。

晚间6时30分，枪声拉开了对燧发枪团堡垒迂回攻击的序幕。但对在战线其他区域的英军来讲，这次的行动犹如要准备进攻约克镇本身一般，令他们惊恐。

美军带着刺刀向10号堡垒进军。汉弥尔顿派遣约翰·劳伦斯绕到堡垒后方以避免英军撤离。美军抵达了堡垒，并开始使用斧头砍破英军的木制防线。

一名英国哨兵呼叫了其他人说遭到袭击，随后英军便向美军开火。美军则带着刺刀向堡垒冲锋以作为反击的回应，砍破了拒木，跨越沟渠，并爬越栏杆进入堡垒。

此时，美军再从堡垒被轰出的缺口处强行进入。英军的反击炮火虽然很强烈，但美军仍压倒性地打败他们。美军有一名在前线的士兵大喊著："兄弟们冲啊！堡垒是我们的！"

英军向美军扔掷手榴弹但效果不佳。战壕里的士兵站上他们同胞的肩上，以便爬入堡垒内。 刺刀战斗清除了在堡垒外头的英军且几乎整个守军都被俘，其中也包括了堡垒指挥官坎培尔少校。整个进攻的过程中，美军损失了9名士兵，并另有25人受伤。

法军的进袭也在同时展开，但他们却受阻于无法被大炮的火力所摧毁之拒木。于是法军开始砍击这些拒木，同时一名英军黑森哨兵出现并询问是谁在那里。发现没有任何回应后，该名哨兵便开火，其他在围栏内的黑森佣兵也一起开火。

法军立刻发动反击，随后向堡垒冲锋。这些德国士兵趁着法军正爬越围墙时冲向他们，但却遭到其他法军的截击并被击退。德军随后便在一些桶子后方采取防守阵形。但在法军准备进行刺刀冲锋时，这些黑森佣兵却放下武器投降了。

攻占9号和10号堡垒后，华盛顿的大炮部队将可从三个方向炮击约克镇，且盟军还将他们部分大炮移入堡垒中。

10月15日，英方康沃利斯将他所有大炮转向最靠近他们的法美联军方位。之后他再命令由罗伯特·阿伯克伦比所指挥的350人突击部队攻击联军战线，以期待能解决美法两军的加农炮。

联军们睡得很熟且毫无防备。英军将领阿伯克伦比一边指挥英军冲锋，一边大吼："勇敢的部下们，冲啊，包围、砸烂这些杂碎！"

英军摧毁了部分在战壕内的加农炮，并击毁堡垒中的大炮。然而，一队法军出现并将他们逐出联军战线，赶回约克镇。

英军曾摧毁联军六门大炮，但到了隔天早上，联军便全数修复它们。轰炸又恢复了，这一次，美军和法军来了一场友谊比赛，看谁能摧毁比较多的敌人防御工事。

10月16日早晨，又有更多的联军火炮抵达战场，并加强了炮轰的火力。在绝望当中，英军康沃利斯尝试将他的部队从约克镇撤退到格洛斯特点。

在格洛斯特点将可突破联军的战线，并可逃到弗吉尼亚，之后还可行军至纽约。第一波的船只成功渡过了，但他们准备返回继续运送更多士兵时，一场暴雨的袭击使得撤退行动化为乌有。

联军在获得新的火炮之后，向约克镇发射的火力又再度加强，更甚以往。康沃利斯和其手下讨论战局，一致认为他们所面对的情形是绝望的。

10月17日早晨，英方一位挥舞着白旗的官员带着一名鼓手出来。轰炸停止了，该名官员被蒙上双眼并被带到联军阵营。

谈判从10月18日开始，英军派出两位代表，分别是汤玛斯·当达斯中校及亚力山大·罗斯少校，美军代表为约翰·劳伦斯，法军代表为马奎斯·德·诺厄利斯。

为确保联军不在最后一刻分崩离析，华盛顿下令给予法军享有参与移交程序的每一步。

投降条约签署于1781年10月19日。所有英军康沃利斯的部队皆被称为战俘，但被保证会在美军阵营受到良好的对待，而军官们则被保证在释放后可返回家中。

下午2时，联军进入英军据点，法军在左，美军在右。英军和黑森佣兵则行军于中，而此时英军的鼓手及吹笛者正奏著“世界上下颠倒了”。

英军在投降前数小时内被告知将会拥有新的制服，直到被奥哈拉将军所阻止。有些士兵摧毁他们的火枪，其他的不是全身淋湿就是呈现醉态。8000名部队、214座大炮、数千支火枪、24艘运输船以及不计其数的马车与马匹全部被联军俘获。

英军康沃利斯拒绝正式会见华盛顿，也拒绝出席受降典礼，并以生病为由推拖。于是英军只好由查里斯·奥哈拉准将带着宝剑去向罗尚博投降。罗尚博摇摇头并指向华盛顿。奥哈拉将宝剑献给华盛顿，但遭华盛顿拒绝，华盛顿示意副官本杰明·林肯前去接受。

在众目睽睽之下，英军一个个走出，并放下手臂走在法美联军之间。此时，驻扎在河另一端的格洛斯特的英军也随之投降。

五天之后的10月24日，由克林顿率领的英军救援舰队赶到。此前，该舰队于10月18日救起几名逃出的皇家士兵，这几个士兵告诉英军将领汤玛斯·葛瑞夫斯，说康沃利斯已经投降了美军。

葛瑞夫斯又在海岸边救起了几名英军，他们也证实了这件事。葛瑞夫斯看见了法国舰队，但由于自己麾下的舰队比法军少了9艘，因而被迫率军返回纽约。

英军投降之后，华盛顿派遣泰奇·塔尔葛曼向大陆议会回报胜利。经过跋山涉水，他最终抵达了费城，那里早已为此庆祝多日。

华盛顿率军回师新温德瑟，并在那驻扎到1783年9月3日的巴黎和约签订为止，英美两国正式地结束战争。

在这场战役中，弗吉尼亚人民表现出了高尚的爱国精神和参战热情。他们不仅积极捐钱捐物，参加修筑工事，帮助运输物资装备，而且还忍受了巨大的物质损失和人员牺牲。

弗吉尼亚州州长纳尔逊先生是一位极富献身精神的爱国者，自这场战役开始筹划以来，他派出了大批民兵前来助战，并号召全州人民为战争作奉献，他本人更是身体力行。

为了给美军提供军费，他以个人财产作为担保，筹得了一大笔贷款。炮击开始后，当炮兵指挥官问他轰击约克镇的哪一部分最为有效时，他毫不犹豫地指着一座高地上的建筑物说："那是敌人的指挥部，应该集中火力轰击。"

结果这座建筑被彻底摧毁了。事后人们才知道，这正是纳尔逊先生本人的住宅。为了赢得这场关键性的战役，不论付出什么样的代价，弗吉尼亚人民也在所不惜。

面对胜利，华盛顿感慨万千，他不禁回忆起几年来艰苦战斗的岁月和身边倒下去的无数战友。美国人民流了多少鲜血，才换来今天的成功。

他在当天写给国会议长的一封信中指出：

> 此次战役中联军将士的英勇战斗，是促成这一伟大胜利的主要原因。即使我最乐观的估计，也未料到胜利会出现得如此早。
>
> 战役开始时，全军充满你追我赶、力争胜利的激情，使我不胜欣慰和满意，也使我对即将取得的胜利充满信心！

第二天，华盛顿向全军发出一道命令，高度赞扬了联军将士们在约克镇战役中创下的英雄业绩，对有突出贡献者进行了嘉奖。

同时还宣布，赦免军中所有被拘禁的人，并举行隆重的感恩仪式，以感谢上帝对美利坚民族的赐福。

这次战役是美法联军在战略反攻阶段取得的一次决定性胜利，它意味着英军主力在北美战场上已经开始全面瓦解。

虽然从战争史的角度来说，这次战役的规模并不算大，但是，它却足以使英国相信，用军事手段是无法征服一个团结起来反抗他们的民族的。

而这时美国人民却欢欣鼓舞，因为他们已经从中看到了独立战争胜利结束的曙光，人们载歌载舞，喜气洋洋，全国上下呈现出一派节日的景象。

# 为安置部队奔忙

约克镇的这场大胜利，标志着独立战争即将结束。但是，华盛顿还要继续在危难中苦撑着，为安置部队过冬营地和储备物资而奔忙。

当时的情势还是不能大意。英军在纽约和查理斯镇两地，还有大量人马留在那里。这些人马什么时候会展开行动，谁也不能预料。华盛顿原打算与法军配合，乘胜再打几个胜仗，早日完全结束战争。因法国舰队与西班牙之间另有战事，这些计划不得不搁置起来。

美军要达成完全的胜利，非得再补充军备不可。可是，政府不论在哪一方面，处处表现着无能！不要说征募新兵，就是现有的这些士兵的薪饷，也不能按时发放。就是一般政务的推行，也是毫无效率。

“照这样下去，总不是办法！还不如把一切事情，都让军方来处理算了。”抱着这种想法的人，逐渐多了起来。

眼看冬天又到了，华盛顿抓紧完成遣送战俘工作之后，又继续着为战士们争取给养的工作。

这时的英国王室和政府不想打下去了。因此，卡尔顿爵士和海军上将迪格比，又联名写了一封信给华盛顿说，他们从权威方面获悉，争取实现全面和平的谈判已在巴黎开始，英国代表将首先建议让美国独立。

这时大陆会议没有什么表示，官兵们深感失望并出现了新的不满情绪。随着不满情绪的增长，一些官兵发起请愿，举行集会，讨论如何采取措施来满足他们的要求。

军营中接连有人散发匿名信，指责大陆会议忘恩负义，拒不支付军人应得的薪饷。

面对这种形势，华盛顿心情很不平静。他一直和军队官兵摸爬滚打在一起，对于他们的困苦深感同情。

对于不满情绪可能酿成的后果，华盛顿深感忧虑。为了防止事态恶化，华盛顿召开了一次集会，听取官兵代表的汇报。

大家看到华盛顿单独一个人，静静地走进屋子里来时，那些本来在那里吵闹不休的军官们，立刻就静了下来。

回想起来，当华盛顿担任总司令这个职务的时候，还是一个43岁的年富力强的将军。而现在站在大家面前的华盛顿，已是头发半白，额上也已经浮现出不少的皱纹了。

“哎呀！我们的总司令，这八年以来，实在也够苦的！”那

些军官们一想到这里，不禁都泪眼模糊了。

在无数的战役中，骑着一匹白马在战场上驰骋着，亲自拿着指挥刀，和敌人搏斗的这位华盛顿将军不声不响，忍受着种种的中伤和非难，把全部精力放在军务上的这个华盛顿将军，在政府的微薄的待遇下，和士兵们一起熬受种种困苦的华盛顿将军！

华盛顿将军，不论在任何时候，对于官兵总是尽最大力量去照顾。他为了促使政府供应他们被服、粮食、薪饷，真是用尽了一切力量。他总是对他的部属保证："对于你们的正当要求，我一定要尽我的最大努力，使它能够实现。"

对于这样一位总司令，还有什么苛求的呢！

华盛顿在会上发表了一篇充满感情的演说。听着听着，代表们的敌对气氛开始消散，爱国热情和信任感再次被激发起来。

华盛顿为了证明大陆会议对军队是关心的，拿出了一封某领导的来信。信中表示无论多么困难和窘迫，一定会慷慨对待军队。当他读信的时候，看不清上面的字迹了，从口袋里摸出一副从未戴过的老花眼镜。

▲华盛顿

华盛顿抱歉地说："请原谅，先生们。请允许我戴上眼镜。为了这场战争，我不仅头发白了，现在视力也不行了。”

几句话说得如此自然而真挚，胜过了深思熟虑的千言万语。这些话打动了人们的心，在场者无不动容。一场一触即发的危机平息了。

华盛顿退出会场，会议通过一项决议：无论遇到什么困难，他们都不应该玷污用鲜血和八年忠诚服役换来的荣誉。

华盛顿立即致函大陆会议主席，提请高度重视军队待遇问题。不久决定，军官们退役后的薪饷，折合成一次性发给五年的全薪。

这个一度造成巨大威胁的问题，因华盛顿的努力而圆满解决了。

那些军官们一听到这几句话，心立刻都软了下来，甚至，还传出一阵阵的抽泣声来！当华盛顿从这间屋子里离去时，原有的那不稳定的空气，早已烟消云散了！

其后不久，停泊在费城的法国军舰上面的钟声，叮当叮当地响了起来。同时，还可以听到舰上水手们的欢呼声：

“战争结束了！”

“美利坚合众国万岁！”

这艘军舰把英国在临时条约中承认美国独立的消息，就这样传播了出来。

# 向军队发布告别令

华盛顿的声誉日隆，几乎被奉为神明，被颂为大救星。而这时的联邦政府，依然结构松散缺乏权威。

各州仍然保持着财税大权和商贸大权，邦联政府无权征税，无权制定洲际商约。军内反对联邦制度的情绪难以抑制，一股要求建立君主政体的思潮日益蔓延。有人公开议论，要华盛顿出来当国王。

从当时的国际环境看，欧洲仍盛行着封建君主制度。北美虽然不存在封建传统，却有不可小视的拥护君主政体的社会基础。

1782年春，老军人尼古拉上校致信华盛顿，他猛烈抨击现行邦联政体的弊端，并暗示华盛顿，军方很希望他能出头建立君主政体。

5月间的一天，亨弗立上校去看华盛顿的时候，见他脸色铁青，气愤得全身不住地发抖。亨弗立接过华盛顿递给他的一宗文件来看时，原来这是宾西维尼亚的尼古拉写给华盛顿的一封信。

信中的大意是说：要想把美国从目前的混乱中拯救出来，得有一个人民所推选出来的国王来实行不可！而且，他还认为这个国王，应该推华盛顿出来担任！

“这真是一个糊涂蛋！”华盛顿把那封信一丢，说，“有关这事，我从来就没有说过半句呀！这不是叫人怀疑我想在人民的上面，建立一个军政府吗？这家伙真糊涂！除我以外，不是有很多有为的人物，担当得起领导国家的大任吗？我们这个国家，无论如何，非要实行共和政治不可！只要心里打算行使别种政体的，就算是叛逆！”

▲华盛顿塑像

亨弗立上校看他的态度实在太愤激了，便说道：“不过，总司令，只要到了总司令地位的人，不管是谁，不免要受到政治的诱惑，那是避免不了的事情。”

“你不知道，在这样一个可恶的提议的背后，一定隐藏着一个存心不良的集团哩！”华盛顿气愤地这样回答。

华盛顿从字里行间立刻嗅出写信者这个派系想使军队成为一

个强权政府的基础，建立军事独裁政治体制。对这种大事绝不能含糊，华盛顿立即在5月22日很不客气地给尼古拉上校写了一封义正词严的回信。他在信中写道：

我怀着突兀和惊奇的心情，专心阅读了你要我深思的意见。

请相信，先生，在战争进程中发生的任何变故，都没有你告诉我关于军队中存在的这种想法更使我感到痛苦了。对此，我极其憎恶并严加斥责。

使我困惑不解的是，究竟我有哪些举措足以鼓励你向我提出这种请求。我认为这个请求，孕育着可能使我国蒙受最大的灾难。如果我不是缺乏自知之明的话，你不可能找到一个比我更不同意你的计划的人了。

如果你对你的祖国、对你本人和你的子孙还关心的话，或者对我尊重的话，你应该把这些想法从心中排除干净。从今以后，无论你自己还是其他任何人，再也不要提出同样性质的意见。

华盛顿自己不当国王，也坚决反对实行君主制。他早就对君主制深恶痛绝，坚决维护共和体制，维护当前已经形成的邦联政府。

为此，华盛顿提出了自己的治国方案，一是使议会有“足够权力”；二是修改《邦联条款》；三是妥善解决军队问题。

后来，华盛顿曾给各州州长写信，阐述了他对美国未来的设想。他认为美国人能够通过对人类思想的研究，了解人和政府的本质，创造和改革美国的政治机构。这个时候的华盛顿，对于战后国家政治体制已经有了较为成熟的思考。

1782年9月3日，美英两国在巴黎签订了和约，英国正式承认美国独立。至此，美国人民经过八年的浴血奋战，终于取得了划时代的伟大胜利。

1782年10月18日，大陆会议决定解散军队，所有官兵从11月3日起停止服役。华盛顿和他所爱的部队，分别的日子到来了。地点是佛罗伦斯馆的一个大厅。

华盛顿举起了杯子，因为心头万感交集，一时竟说不出话来。“我只有以满腔挚爱和感谢的心情，向各位告别。我深切地期望，在各位充满着荣誉的前半生以后，跟着来的，是幸福的后半生！现在，我不能够到各位的面前，一位一位地向大家告别。不过，倘使各位肯过来和我握手的话，我真是再高兴也没有了。”

这时，那个一直和他很亲密的诺克斯将军，就大摇大摆地走上前去，华盛顿这时感动到了极点，一把就紧紧地拥抱住他。

所有的将士们都一个个上去，拥抱他们所敬爱的将军，表示惜别。

回想起那些战役，还有那些在酷热的沙漠中以及在冰天雪地中的行军，漫长的八年来，同甘苦、共患难的战友们，怎能够和他们所爱戴的总司令，轻易分别呢？

华盛顿在这里发布了《向美国军队告别令》。华盛顿语重心长地说：

由于我国的独立和主权已经确立，展现在眼前的广阔无垠的幸福前景，几乎无法用言语描述。

在我们这个条件如此优越的国度里，无论经商或务农，只要为人勤勉，必可谋得富裕的生计。

简短的辞职告别仪式结束后，华盛顿把总司令的印章交还给国会。在他离开哈得孙河的时候，岸上那些穿着已经褪色军服的官兵，还在那里挥舞着帽子，依依不舍。

## 凯旋返回家乡

1782年10月19日傍晚，华盛顿在彼利副官的陪侍下回到故乡弗农岗。这是他怀念了多么久的老家呀！

华盛顿一走进屋子里，匆匆穿过了那间灯光通明的大厅，就登楼去看他的两个可爱的孩子。原来，他的弟弟若杰死得很早，他就把若杰遗留下的两个孩子接过来抚养。

第二天早晨，这两个孩子从楼上走下来，一看到华盛顿身上的服装，感觉奇怪，看得有点发愣了。因为，他身上穿的，已经不是昨天的那套军服，而是普通的平民服装。

华盛顿微笑着，摸了摸小孩子的头："你们知道吗？这一下，我又恢复平民生活了！"

华盛顿一生中最清静愉快的生活，就这样开始了。所有一切艰巨的责任，都卸下了他的肩头。在他周围，是许多他所最喜欢的青年，有时欣赏音乐，参加舞会，有时举行各种运动比赛。这

时，他真的开始享受那种优裕的大地主的生活了。

华盛顿面对着敞开着的窗户，深深地吸了一口新鲜的空气。在万里无云的碧蓝的晴空里，太阳正在冉冉上升。看样子，今天的天气一定很暖和。

华盛顿先到各地的工厂里，去看了一遍。在归途上，顺便又去都德格兰农场，因为，他要去看看他叫木匠造的一座凉亭，是不是已经造好了。

在离家八年以后，要使一切恢复原样，那真是一件相当费劲的事情。如果一大意，就将连税金也付不出来。

突然，华盛顿听到一阵脚步声，从他背后传过来。他回过头去一看，原来是一个管理马匹的黑人。

“早，瑟姆。你怎么带了两匹马来？”

“昨晚您不是带一位法国的先生来吗？我以为他还是跟您在一起哩！”

“你不知道吗？那客人在旅途上，实在太累了。所以，除非他自己醒来，这上午千万别去叫醒他。我不是关照过了吗？”

这里所说的客人，就是辣斐德。在战争开始的时候，他还是一个漂亮的青年贵族，现在已经成为一个很神气的将军了。在约克镇那一仗打赢了以后，他就回到了法国去。这一次，他又到美国来了。

华盛顿一清早出去，到各处去看了一遍，回来时，正是9时光景。他刚一拉开门时，就传过来孩子们的一片笑声。

他定睛一看，只见辣斐德摆开着两只脚，把那个小乔治，高高地举在半空里逗着玩。旁边是五岁的奈利，在那里蹦蹦跳跳，笑个不停。

“早！太好了，和他们在一起，也就得到了在室内运动的机会了。”辣斐德满面笑容地这样说。

“好极了。等做完早晨的运动以后，就请你到餐厅来吃早饭吧！”华盛顿的妻子微笑着这样招呼。

“可惜夫人不能参加，不然的话就更加热闹了。”

“是啊！有了孩子，总不方便！因为，不能把家务完全交给女佣们去做呀！”

辣斐德听了，先向华盛顿望了望，接着说道：“是呀！正像先生你一样，不能把美国的国家大事，完全交给议会和政府去处理。”

华盛顿听到这里，虽然马上加以解释，好像在辩白辣斐德所说的这几句话，与事实不符。可是，一起在那里听华盛顿说话的辣斐德和夫人两个，却只是彼此望了望，装出一副毫不在意的样子来。因为，他们两个都很清楚，华盛顿无时不在和朝野的要人们，书信往来，商量着国家大事。

华盛顿带着他的客人，到他那广大的农场里，到处参观；一面向着客人感叹道：美国虽然已经独立了，可是，全国13个州都

只知道争权夺利，一点也不团结。

“由于偏见和嫉妒，全国已经四分五裂，大家都是只知道替自己说话。”

“不过，在开始的时候那也是不能避免的，我相信慢慢的，会融合起来的。”

▲华盛顿

“譬如说：对于外国进口的商品，各州都在随便征税。要知道，这关税，倘使不是由中央政府来统一征收，那一笔数字庞大的国债，就没有办法清偿了。照现在的情形看来，英国作的预言：由于各州的对立，美国的统一，将是一场空梦，这话恐怕会演变成为事实呢！”

“不会的！”

辣斐德早就看到了，美国各地此时正在萌芽中的工商业，都有一种蓬勃的朝气，所以，他这样回答。接着，他又说道：“有这么多的伟大人物在那里工作，美国无论如何是不会失败的。”

华盛顿在接待辣斐德的这几天内，的确是过了一段愉快的日子。

可是，他们两个分别的日子，终于到来了！主客双方都觉得难舍难分。即使在黑人关上车门以后，辣斐德还不停地从车窗口探出头来，和华盛顿说个没完。

“我不愿意说再会，只说等几天再见吧！”华盛顿凝视着那部正要走的马车，一面不住地挥手。

这时候，他似乎隐约地感觉到，这也许真是“再会”。

华盛顿继续过着他的大地主生活。不过，华盛顿还是很忙碌。虽说是战事已经结束，他又回复平民的生活！可是，华盛顿依然是代表美国的中心人物。到弗农岗来访问他的客人，天天络绎不绝；来访的一些客人，说的话也都离不开国事。同时，每天还有许多信来，有的来自国内，有的来自国外。

一天晚上，妻子手拿着蜡烛，到华盛顿书房里来。“哎呀！你还在写信啊！为什么不请一个秘书呢？白天要到农场里去照料，晚上还要这样辛苦，恐怕你的身体吃不消吧！”

华盛顿回过头来说：“我正要和你商量这件事情。有人介绍一个很适当的人给我，是哈佛大学出身的一个名字叫作托维亚·李欧的青年。要是请他来的话，除了担任我的秘书以外，还可以请他作孩子们的家庭教师。”

于是，就决定请李欧来担任秘书的工作。华盛顿在第一次见面，对这个青年就感觉很满意。从此以后，华盛顿就不必再为书信操劳了。

“这样，我又可以常常出去打狐狸玩玩了。”华盛顿说这话

时，满脸的高兴，跟着，还伸了个懒腰。

一个夏天的早晨，参与美国新首都建设工作的建筑技师洛脱罗夫，到弗农岗来访问。

洛脱罗夫是一个和蔼可亲、见解很高超的人。华盛顿很高兴和这个技师，商讨有关建设美国新首都的大计划。

“照你的计划，是要把国会大厦建筑在距离总统府一公里半的地方。的确，为了避免烦嚣，这是很对的。”

这时，在旁边听他们谈话的那个年轻的辣斐德，便用他那爽快的语调，插嘴道：“这个主意真好！不过，伯父，同时最好拟定一个规则，不准国会议员养马，否则，他们还会随便去找总统的。”

华盛顿听了，哈哈大笑起来。

夏天过去了，到了10月间，正当枫树枝头的红叶，把园林点缀得如同天然锦绣似的这个时候，那年轻的辣斐德，接到了一个惊人的好消息，热泪盈眶地跑到华盛顿的身边来：“太棒了。伯父，我父亲被释放出狱了！”

华盛顿以一种无限感慨的心情，紧紧地拥抱住那个正在抽泣的孩子！平时尽管表面上还装出很愉快的这个孩子，在他内心里，却隐藏着多少悲愁惨痛，这是不难想象的。

华盛顿的意思，要他再住一些时候，等接到更加详细的消息以后再走。可是，这孩子却迫不及待，表示一有船来，就要马上回法国去。

华盛顿亲自送行，一直送到美国那时的新首都，即后来，就命名为华盛顿市。

“请你把这封信交给你父亲。同时，你要把我的意思转告他：今后，美法两国之间，不管发生任何变故，我对于侯爵的崇敬，是永远不会改变的。”华盛顿以认真的表情对他说。

1787年，美国制定宪法会议在费城召开，华盛顿被推选为制宪会议的委员。

这个制宪委员的职务，华盛顿起初不想接受，可是，他也并没有请辞。事实上，就是辞也辞不掉的。因为，在当时来说，没有华盛顿参加的制宪会议，简直是没有意义的。

就这样，华盛顿将军就再度披上戎装，和家人告别，到首都去了。

# 第四章 连任总统

在我任职期间，我就把自己看作公仆。如果在此期间，他们进而把我称为他们的奴隶，我也毫无异议。

——乔治·华盛顿

## 思考国家的体制

华盛顿有一个非常可贵的理想，就是把荣誉看得高于权力地位，把道德修养看得重于政治权术。

在华盛顿所处的资产阶级革命时代，凭借军权建立军事独裁或君主制的，前有英国的克伦威尔，后有法国的拿破仑。

回到家乡的华盛顿，潜心田园农事，重享恬静生活，日子过得十分惬意。他谢绝采访，不接受对他个人歌功颂德。

在弗农山庄过着普通生活的华盛顿，并没有消极遁世或沉湎于个人享乐。

不在其位本可不谋其政，但是一种对国家和对人民的责任感，仍然使他不能超然世外，不能不常常观察和思考着国家事务中出现的许多新问题。

华盛顿给曾任马萨诸塞州议会议长的詹姆斯·华伦写信说：

在我看来，邦联差不多已经有名无实了，国会已经成了一钱不值的机构，因为已经没有多少人执行它所发布的命令。

我们组成了邦联，建立起一个国家，却又不敢把管理国家事务的充分权力给予这个国家的统治者，这真是一桩在性质上极其奇怪的事情。

就在华盛顿为国家体制忧心的时候，一场震惊美国的谢斯起义爆发了。

美国独立战争结束后，国内新的矛盾日益激化。广大下层人民的生活恶劣，商品奇缺，通货膨胀，纸币贬值，捐税繁多，民不聊生。许多人负债累累被关进监狱。

在这批贫困者中，最困苦的莫过于复员回家的士兵们。起义的领袖叫丹尼尔·谢斯，出生于马萨诸塞州一个农民家庭里；独立战争爆发后参加大陆军，参加过班克山和提康德罗加战役，因作战勇敢被提升为上尉，曾获得奖赏的宝剑

▲位于费城的华盛顿雕像

一把。

国家独立了，军队解散了，谢斯回乡每日辛勤劳作，仍然入不敷出。为了养家糊口甚至卖掉了这把宝剑。

美国政界对这件事的态度各有不同。一种态度可以称之为有益论，另一种态度，也是当时美国政界多数人的态度。他们把人民起义视为洪水猛兽，恨之入骨又怕得要死。

华盛顿的政治态度从来算不上激进，军事思想从来不曾冒进，当然，也还不至落于保守；在各级议会的辩论中，从来也没标新立异出过风头。激进未必就正确，稳健不见得就是守旧，实践是检验真理的唯一标准。这一次他仍不例外，明确地拒绝了国会请他出山平息叛乱的请求。

华盛顿主张法治，主张违反宪法即加以谴责；宪法如有缺陷，即加以修改。但是既有此宪法，就不允许遭人践踏。

通过谢斯起义的震撼，人们接受了华盛顿强调秩序、纪律，强调维护中央政府权力的主张。只有对邦联体制动一次大手术，才能确保国内政治局面和社会秩序的稳定。更何况国际上还有不甘心让美国独立的势力希望美国政府早日瓦解。

1787年2月，邦联议会也同意召开一次会议，专题讨论“修改邦联条款”。

弗吉尼亚议会一致推举华盛顿为本州代表，并担任代表团团长。

5月份，除罗德岛之外，各州代表们陆续到达费城，制宪会议终于开幕。

制宪会议每天正式开会时间是四至七个小时，会期一直延续了四个月。其间的唇枪舌剑与融洽交谈、激烈辩论与协商妥协、时晴时雨，参差交错。代表们一致同意，会议情况对外必须严格保密，以免引起社会动荡。

会议进入正题，弗吉尼亚代表团麦迪逊起草了一份建立新政府的方案。这个方案被称为“弗吉尼亚方案”。

基本要点是：

一是按各州人口比例设立一个两院制的立法机构。下院由人民选举产生，上院由下院选举产生。

二是由立法机关选择一种行政机构。

三是建立一个由立法机关选举的司法机关，包括最高法院和下级法院。

宪法的其他条文，逐条经过激烈的辩论。最后会议还是以七票对三票，通过了以弗吉尼亚方案为蓝本，建立新政府的决定。签字仪式顺利进行，历时四个多月的制宪会议正式降下帷幕。下一步的事，就是要各州议会逐一批准了。

华盛顿为新宪法的诞生而欣庆，同时又为新宪法能否获得各州批准而寝食不安。

## 当选美国首任总统

1788年11月，《联邦宪法》终于被批准，翻开了美国历史新的一页，也在华盛顿的生活中掀起巨大的波澜。

华盛顿是一位久经考验的革命领袖，在独立战争和制宪运动中立下了不朽的功勋，创下了惊天动地的伟业，因此，全国人民几乎异口同声地拥戴他出任美国历史上的第一任总统。

这既是一项至高无上的殊荣，又是一个责无旁贷的重任，无论放在谁的头上都会令他无比自豪，不胜惶恐。

但华盛顿对此却没有公开表态，甚至没有流露出一点要参加竞选的迹象。

华盛顿此时的心情并不平静，他在为是否出任这一重要职务而反复思索，一时竟拿不定主意。

从他本人的性格和兴趣来说，他并不愿接受这一推举，因为赋闲山林和享受田园之乐是他多年的愿望，这已是众所周知的事情了。

况且华盛顿知道，出任美国的首任总统是一件体面但却并不轻松的事情，既需要付出超出常人数倍的精力，又要以高度的灵活机敏应付各种突如其来的新问题和新考验，还要忍受一个习惯于高度民主的国家的人民毫无顾忌的品头论足。

他心里十分清楚，自己已日益步入老年，身体一日不如一日，而自尊和孤傲却与日俱增，他时常扪心自问：我还能胜任这一“尊贵的苦役”吗？

所以，当许多友人来信试图劝说华盛顿接受这一职位时，都被他婉言谢绝了。

华盛顿在给拉法耶特的信中指出：

> 总统一职对我并无迷人的魅力，由于日渐年老体衰并酷爱清静，我已没有别的追求，只希望在自己的庄园里老老实实做人，生于斯老于斯。
>
> 让那些有雄心抱负、仰慕虚名和年富力强有志于此的人去显示身手吧！

但是，由于人民拥戴的呼声日渐高涨，亲朋好友们也一而再、再而三地竭力劝说他，为了美利坚民族的利益再度出山，勇挑重担，他那已经隐藏到内心深处的勇气和雄心又一次被激发了出来。

经过一番严肃认真的思考，他决定为了国家的利益作出自己毕生中最大的一次个人牺牲，用自己的威望和力量，使美利坚合众国经济繁荣，政治稳定，全国团结一致，早日成为一个强大、富裕、文明的世界强国。

当然，从个人利益的角度来看，出任总统一职也能使他从长期的经济困境中解脱出来，虽然华盛顿已经打算拒绝接受薪金，但他的生活和接待费用全都可以由国家来报销。

于是，他开始安排家务，清理账目，准备行装，而对于总统选举一事他似乎早已胸有成竹了。

就在等待选举结果的日子里，有几件事使华盛顿的心境变得十分烦乱。

一是华盛顿的经济状况已经窘迫到了令他难堪的程度，以致他竟然一下子拿不出去临时首都纽约的路费，最后东拼西凑了100英镑才算勉强有了这笔路资。

◀1789年华盛顿宣誓就职

二是他利用这一空隙时间前往亚历山德里亚探视自己年逾八旬的老母亲，发现她已身患重病，

缠绵病榻，这使他悲伤地意识到这很可能是他们的最后一次见面了。

老人家虽然仍保持着当年的那种固执和尊严，但她为自己有这样一个英雄的儿子而感到无比欣慰满足，并为儿子又要踏上新的征途而依依不舍。

三是玛莎实在不希望丈夫重返政坛，为华盛顿又要长时间远离家乡而心绪不宁，茶饭不思，这更增添了华盛顿的忧虑和烦恼。

随着公布选举结果的日期日益临近，华盛顿的心情也变得越发抑郁和不安了。

十几年前离家奔赴抗英战场时，华盛顿把那次前途未卜的远行比喻为“驶向一个难以找到安全港湾的大海”。

而如今华盛顿的心情显得更绝望了，他在给老友亨利·诺克斯的信中写道：

对阁下说句心里话，当我就任政府首脑之时，将有罪犯走向刑场之感。我的一生已为公务消耗殆尽，而在此风烛残年，又必须舍去恬静生活，投身于困难的海洋，而我本人又不具备掌舵所不可或缺的政治手腕、能力和兴趣，出任此职，殊非所愿。

4月中旬，选举消息终于传来了：华盛顿以全体选举人的全票当选为美国第一任总统。

这是民意的真正体现，是华盛顿十余年来殚精竭虑、鞠躬尽瘁为国为民日夜操劳所得到的丰厚回报，也是美国人民的幸运。

在华盛顿的英明领导下，美利坚民族这艘巨大的航船必能绕过暗礁险滩，顶住疾风恶浪，飞速向前疾驶，汇入波澜壮阔的时代大潮。

1789年4月16日10时，华盛顿告别了春意醉人的弗农山庄，告别了五年多恬静祥和的平民生活，告别了妻子孙儿，怀着无以言状的复杂心情踏上了前往纽约的旅途。

起初，华盛顿还在为自己违背诺言重返政坛可能会引起反感而有所担忧，但是在赴任途中他遇到的却是一幕又一幕热烈欢迎的场面。一路上，兴高采烈的人群骑马簇拥着他前进，一批人还未散去，另一批人马又接踵而至。

华盛顿一行所到之处，群众的情绪始终是那样高昂兴奋，他们张灯结彩，奏响鼓乐，嘹亮的歌声、雷鸣般的欢呼声和隆隆的礼炮声响彻云霄。

每到一个城镇都有盛大的欢迎宴会在等待着华盛顿，人们向他举杯致敬，成千上万的人争着与他握手，向他欢呼，以致他的手臂被握得麻木红肿，耳膜也震得生疼。

1789年4月23日，华盛顿一行到达了纽约，受到了更为隆重热烈的欢迎。这些热烈的场面是他所始料未及的，令他感到惶恐不安。

他知道，人民对他寄予了很高的期望，而他却不知自己到底能在多大程度上满足人民的需求。

事实证明，期望值愈高，而如果一旦落空，失落感就会愈大。到时候，人民会不会以这种狂热情绪来反对自己呢?

此时，华盛顿觉得自己仿佛是一个初出茅庐的演员，尚未做好准备就冷不丁地被人推到了前台，而他面对的却是一批鉴赏力很高、秉性各异又极爱挑剔的观众。他知道自己已经没有退路了，只有尽自己最大的努力奋力挣扎向前。

令世人瞩目的美国第一任总统的就职典礼于1789年4月30日在纽约隆重举行。

9时，各教堂钟声齐鸣，人们虔诚地祈祷上帝赐福于美利坚民族。中午，各部门首长和受检阅部队在华盛顿的门前集合完毕，浩浩荡荡的队伍在繁华的大街上向联邦大厦列队前进。沿途挤满了围观的群众，他们载歌载舞，欢呼雀跃，到处是人群、鲜花和彩带，汇成了一片欢腾的海洋。

华盛顿乘坐一辆豪华的四轮马车跟随在部队和各部门首长的身后，在他的后面是各国驻美使节以及成千上万的市民群众。

游行队伍在联邦大厦前不远处停了下来，华盛顿等人下车，步行穿过一队队排列整齐、军容威武的卫兵，进入大厦议事厅，向早已恭候在那里的参众两院议员们挥手致意。

在副总统约翰·亚当斯的引导下，华盛顿来到议事厅正面的中间坐椅上就座，他的右边是亚当斯，左边是政府发言人默莱伯格。

首先举行总统宣誓仪式。宣誓地点安排在议事厅前面的一个大阳台上，这里摆着一张铺着深红色天鹅绒布的桌子，上面放着一部装帧精美古朴的《圣经》，站在阳台便可以俯瞰纽约最繁华的市区。

华盛顿健步走上阳台，他身穿一身庄重的棕色制服，佩带着一把钢柄军刀，脚穿一双白色长筒丝袜和有银色扣子的皮鞋，头发整齐地拢向脑后，显得庄重大方，干练潇洒。

在这里，华盛顿受到了数以万计的市民的热烈欢呼和赞叹，为了能一睹华盛顿的风采，他们已经在这里翘首等待了很长时间。

华盛顿的身旁簇拥着一群军政界要人：副总统约翰·亚当斯，纽约州大法官罗伯特·利文斯顿以及罗杰·谢尔曼、亚历山大·汉密尔顿和亨利·诺克斯等人。

宣誓仪式由利文斯顿大法官主持。华盛顿用手抚摩着《圣经》，用庄重严肃的语气宣读了誓词：

> 忠实执行合众国总统职务，竭尽全力遵守、维护并保卫《联邦宪法》。
>
> 我庄严宣誓。
>
> 愿上帝助我。

念罢，华盛顿恭恭敬敬地弯下腰深吻了《圣经》。华盛顿再次向群众鞠躬，转身回到议事厅，向参众两院发表就职演说。这

篇就职演说词，成了美国开国历史上一部经典文献。

在演说中，华盛顿对同胞们给予他的高度信任表示了感谢，虔诚地祈求上帝保佑美国民众的自由与幸福，及为此目的而组成的政府，并保佑他们的政府在行政管理中顺利地完成其应尽的职责。

华盛顿的演说没有任何虚饰客套和做作，全是发自内心深处的肺腑之言，显得质朴坦诚，深沉敦厚，充分表露了他对国家和人民绵绵不尽的赤子之情。

在演说的最后一段话里，华盛顿还用充满深情的语言表达了对祖国未来的美好希望与憧憬，他说：

> 我对祖国的热爱激励我以满腔的愉悦展望未来。这是由于在我国的体制和发展趋势中，出现了又有道德又有幸福、又尽义务又享利益、又有公正和宽仁的方针政策作为切实准则、又有社会繁荣昌盛作为丰硕成果的不可分割的统一，这已是无可争辩的事实。

对于担任共和国第一任总统，华盛顿自己曾如是说：

> 在我任职期间，我就把自己看作公仆。如果在此期间，他们进而把我称为他们的奴隶，我也毫无异议。

## 任命政府部门首脑

华盛顿上任后面临的问题的确是千头万绪。所谓的新政府，就是一位总统、一个国会，十几个办事员、一个空空如也的国库和一大堆债务。他首先要做的，就是物色和任命政府各部的首脑。

◀首任国务卿托马斯·杰斐逊

这个时候，华盛顿的办公室和住所实在是说客盈门，许多人都想来谋取官位美差。有托关系游说的，有毛遂自荐的，有借战争中共过事的老关系来叙旧的。

华盛顿清醒地看到，要

是用人问题上采取了不公正和不得人心的手段，新的政府就会处于被这些手段颠覆的危险之中。因此，华盛顿经过深思熟虑，挑选了新政府各部门的首脑。

设立处理外交事务的部门国务卿办公室，任命托马斯·杰斐逊为首任国务卿。杰斐逊是一个享有很高声望的民主主义者，曾经长期担任驻法国公使，精通国际事务。

托马斯·杰斐逊是美国独立革命运动的一位积极领导者和组织者，著名的美国《独立宣言》的起草人。他是资产阶级民主主义思想家，主张人权平等、言论、宗教和人身自由。

杰斐逊好学多才，兴趣广泛。他是土地测量师、建筑师、古生物学家、哲学家、音韵学家和作家。他懂得拉丁语、希腊语、法语、西班牙语和意大利语。他还对数学、农艺学和建筑学，甚至提琴等都感兴趣。

然而，众所周知的是，杰斐逊对《联邦宪法》一向持有异议，与华盛顿政见相左。华盛顿选他担任国务卿这个重要职务，不仅提高了新政府的民主色彩，也显示了华盛顿用人的雅量。

杰斐逊执政期间进行过一些民主改革，领导了反对亲英保守势力、争取保持资产阶级民主的斗争，起了积极和进步的作用，为美国资本主义的迅速发展准备了条件。

华盛顿任命亨利·诺克斯为陆军部部长。诺克斯是一位优秀的将才，在独立战争期间，诺克斯是炮兵司令和总司令的顾问，具有大将风度。

书商出身的诺克斯是波士顿人，军事经验始于波士顿战役。在战场上，诺克斯一见华盛顿就为之倾倒，成为华盛顿手下的炮兵司令。

华盛顿任命亚历山大·汉密尔顿为财政部长。汉密尔顿才34岁，是个开业律师，他精明能干，思想周密，理财有方。汉密尔顿曾接受过罗斯柴尔德家族的资助，是一个与罗斯柴尔德家族有着密切联系的重量级人物。

汉密尔顿始终是美国中央银行制度的主要推动者。他的主要思路是：中央银行由私人拥有，总部设在费城，各地设立分支银行，政府的货币和税收必须放在这个银行系统中，该银行负责发行国家货币来满足经济发展的需要，向美国政府贷款并收取利息。

华盛顿又任命了大法官为约翰·杰伊，任命了总检察长为埃德蒙·伦道夫。

美国参议院同意，这些重要职务均由总统直接任命，不必像英国的传统习惯那样，由参议院任命，从而开创了政府官员向总统负责，而不是向国会负责的先例。

政府班子组成之后，美国的国家机器开始正常运转了。这种新型民主体制的国家事务，是一场史无前例的实验。《联邦宪法》对政体虽然作了原则规定，但华盛顿通过实践和探索，巧妙地处理了诸如总统与议会、总统与部长之间的关系问题，“三权分立”如何分权问题。

华盛顿反对烦琐的礼仪。接待来访客人时，他的助手汉弗莱斯上校在客厅门口高喊“合众国总统驾到！”

华盛顿感到很不安，告诉他今后切不可再喊。华盛顿总统与国会之间的关系如何处理呢？宪法规定，根据参议院的意见或取得参议院的同意，总统才有缔结条约之权力。

1789年8月22日，华盛顿准备同南方的印第安人签订条约，就亲自去参议院征询意见。在宣读文件时，因街道上车辆来往人声嘈杂，议员们没听清楚便七嘴八舌议论纷纷。

华盛顿听得火起，转身拂袖而去。到了下周一他派秘书给议会送去一份详尽的材料。从此，华盛顿再也不亲临参议院去当面听取意见，这就成了美国总统代代传承的惯例。

再说华盛顿总统与政府部长的关系。宪法规定，总统得用书面向每一行政部门长官征求有关事项的意见。部长们应对他所需要了解的情况写出书面报告。

可是华盛顿喜欢采用战争期间开军事会议的形式，坐在一起听取下级的口头意见。这种方式形成了美国内阁集体讨论问题的制度。

再如中央政府同各州政府之间的关系，是当时美国政治生活中最复杂、最敏感的问题。美国长期是有邦而无国，州自为政，州长就是一州的最高行政长官。

在一些人眼中，州长和总统就是平起平坐的关系。华盛顿建立了个新规矩，联邦政府理所当然居于各州政府之上。

## 解决财政困难

政府组织起来了，面临的最大难题，是国家财政处于崩溃的边缘。在战争结束时，政府已有国内债务四千二百多万元，外债一千二百多万元。

由于没有一个权威的最高立法机构，无法对进口货物征收关税，以筹集必要的资金，因此联邦政府无力偿还债务。

这笔债务的本息，对年轻的合众国是一个沉重的负担，又是对国家信用的严重威胁。华盛顿命令财政部长汉密尔顿提出解决方案。

汉密尔顿根据自己丰富的财政金融知识和精明缜密的思考，提出了清偿债务、征收国税和建立国家银行等一系列重大措施。

这些措施都得到了华盛顿的支持，但国会讨论时却引起激烈的争论。

赞同者认为这是扭转国家财政状况的灵丹妙药；反对者说，

通过偿还国债，至少有四千万元的本息落入资本家手中，从而损害其他地区和社会集团的利益。

然而，华盛顿作了认真的权衡分析，对汉密尔顿的方案作了最后的认可。

国会通过了偿还国债议案，问题是钱从哪里来？汉密尔顿措施是：征收消费税！

方案一出，国会中争论得翻江倒海。总统意识到征税方案之争，已不仅仅是北方人与南方人之争，实在是联邦党人与反联邦党人斗争的继续。

在这种情况下，北南双方寻找到一个结合点：首都选址问题。

有人主张设在北方的费城，有人主张设在南方的乔治顿。作

▲华盛顿纪念堂

为交换条件，把费城作为临时首都，永久首都设在波托马克河岸十平方公里的一个区域。

南北兼顾，各得其所，这就缓和了征税方案引起的激动情绪。如此这般一番折中，征税和首都定址两个问题都得到解决。

另一个长时间争论不休的问题，是建立国家银行。之所以有人反对建立国家银行，是银行要发行纸币。

据说纸币可能有一些优点，但是它破坏了价值的衡量尺度，使一切私人财产都成为彩票。

华盛顿的明智之处，就是他有一套独特的处事方式。他不自以为是，不滥用权力，而是不耻下问。他冷静地听取各方意见，尤其重视反对派的论点。最终华盛顿赞同了汉密尔顿的观点，最后签字同意建立国家银行。

转眼到了美国的独立纪念节即7月4日。这天国家银行的股票公开发行，几小时内被抢购一空。一些投机分子转手倒卖从中渔利，25元一张的股票，一个月之后被炒到325元。

有人攻击这种抢购股票的狂热，华盛顿却带着赞赏的口气说："这一件事充分证明我国同胞的富裕和对政府措施的信任。"真是仁者见仁，智者见智。

国家银行建立后，国内纸币开始发行流通，促进了商品市场的发展，活跃了经济生活，银行贷款支持了企业的资本积累。

纷繁的事务告一段落，华盛顿准备履行他访问美利坚合众国每一块地方的宏大计划。这一次是视察南部各州。

1791年3月，华盛顿由杰克逊少校陪同，只带领五名随从，乘坐一辆四匹马拉的大车，另带一辆行李车，四匹备用马，一匹鞍马，从临时首都费城出发。

华盛顿规划的路线是，经过费雷德里克斯堡、里士满、威尔明顿和查尔斯顿，到萨凡纳；再从那里到奥古斯塔、哥伦比亚以及北卡罗来纳州和弗吉尼亚州的内地城镇，计划全程约三千公里。沿途的休息地点都是由他自由指定的。一路上，他丝毫没有因为生病、天气不好或任何事故而停顿下来。

华盛顿南巡完毕回费城。他所得到的情况比从任何材料中所了解的更为确切。南方民众的意向和国家的贫困落后，给他留下了难以磨灭的印象。

华盛顿此行的意义远不止于此，等于明白无误地向国人展示，联邦政府是统一国家的最高的行政机构。加强了联邦政府在人民心中的地位，提高了政府的威望。

秋天，华盛顿回到弗农山庄，和家人共同生活了几个星期，享受乡村生活的乐趣，并指导他的新管家罗伯特·刘易斯先生管理庄园，因为平素照管他的田产的侄儿乔治·A·华盛顿少校到山中休养去了。

10月24日，第二届国会议员云集费城。25日，华盛顿致开幕词。他谈到了国家的繁荣情况以及政府的财政措施所取得的成功，接着转而谈到，为保护西部边疆，政府要对印第安人采取军事行动。

## 协调国内外关系

与处理令人头痛的内政问题相比，华盛顿处理外交问题却显得游刃有余。他在上任以后，外交方面首先面临与欧洲两强英国和法国的关系问题。

英、法两国是死对头，美国倒向哪一边呢？他以冷静的头脑，不为狂热的偏见所左右，坚持独立自主，尽量避免卷入欧洲的争端。这是一个极有创见的外交思想。

他极为慎重地处理对法关系。他高度赞扬法国对美国独立所作出的巨大贡献，坚持巩固美法友谊。同时又与法国保持一定距离，常常提示对方要尊重美国的利益和尊严。

1789年7月4日，法国爆发了大革命，巴黎人民攻占了巴士底狱。华盛顿以冷静的政治目光，观察着这个欧洲国家发生的事件。

1790年，曾经热情帮助美国独立战争的拉斐特，风风光光地

担任着革命派国民自卫军司令，被人们尊称为两个半球，即欧洲与北美洲的英雄。

拉斐特为了表达对华盛顿崇高的尊敬和爱戴，给华盛顿寄去一件珍贵礼物，即开启巴士底狱大门的钥匙。华盛顿把这钥匙挂在自己的住所里，奇妙的是又把路易十六的雕像摆在一起。法国的波旁王朝被推翻，美国很快承认了法国革命政府；而当时众多的欧洲国家，还没有一个这样做。

后来他得知法国大革命失败，拉斐特身陷囹圄被关押在奥地利，碍于总统身份不便于出面向法、奥交涉，只得在经济上资助

▲华盛顿纪念碑

拉斐特夫人。

调整同英国的关系，是华盛顿重要的外交思想。他希望消除两国间的敌对情绪，缓和气氛，发展经济联系而防止出现麻烦。多年来两国一直没有互派使节。

1790年，华盛顿派遣莫里斯去英国，作为非正式外交人员，要求英国全面执行和平条约，并试探谈判通商条款。双方的关系开始解冻，僵局逐渐打破，终于实现了邦交正常化。

华盛顿在处理与欧洲两强的关系中可谓左右逢源，为美国取得了缓和的国际环境。

但是，在如此良好的国际环境中，在美国国内却出现了激烈的党派之争。

美国建国之初，围绕一系列重大方针政策问题，在全国上下展开了激烈的争论。诸如经济政策，外交政策，联邦的性质和宪法的解释等，都有过针锋相对的纷争。华盛顿始料未及的是，这些纷争竟引发了美国的政党政治。

美国的政党和政党政治，最初是国会内部，围绕经济政策形成了派系斗争。对立双方的核心人物是杰斐逊和汉密尔顿两人。

华盛顿在1789年组阁时，物色的这两位杰出人物作为他的左右两膀，形成一架“三套马车”的领导班子。说实话，这是一个很理想的优势班子。

汉密尔顿主内理财，杰斐逊持外，华盛顿统筹全局。此举果

然逐步克服了财政困难，政治局面相对安定，经济形势出现生机；国际关系也日趋有利，使新生的美利坚合众国走上了一条发达兴旺的坦途。

杰斐逊在1774年撰写《英属美洲权利综论》，阐述人民有天赋的自由与平等的权利，宣传殖民地独立的思想。

1775年5月，杰斐逊作为弗吉尼亚代表参加在费城举行的第二届大陆会议。会议指定杰斐逊和富兰克林等五人组成委员会起草《独立宣言》。宣言主要由杰斐逊执笔的。

国务卿杰斐逊才华出众，知识渊博，思想敏锐，酷爱自由平等，痛恨暴政，支持人民革命的权利，对法国资产阶级大革命抱有极大同情。

财政部长汉密尔顿是一位出色的行政管理人才。他精明能干，精力旺盛，具有精密细致的作风和训练有素的头脑。

杰斐逊大胆地提出了一系列富于创造性的经济政策，发展了资本主义经济，加强了联邦政府的权力。在争取批准宪法的斗争中，他们两人都是积极赞成者，是向同一目标前进的同路人。

杰斐逊在任国务卿之初，对解决公共债务问题和首都选址问题上，同汉密尔顿作过有益的互相妥协。

随着历史的发展，两人所代表的不同观念、不同主张和不同利益，在许多政策问题上分歧不断扩大，矛盾日益加剧。

矛盾首先集中表现在权力分配上。杰斐逊眼见汉密尔顿的权力膨胀，甚至插手外交事务，有越俎代庖架空总统之嫌。汉密尔顿亲近英国，美国独立七年了，英军仍占据着西部领土上的据点不肯撤走。

杰斐逊怀疑汉密尔顿在玩弄手法，使美国复辟君主制。他们的矛盾由国会和内阁会议之争，发展到报纸上互相公开攻击。

1791年费城共有12家新闻报纸，最大的一家是《合众国报》。据说此报得到财政部的资助，几乎每期都有颂扬汉密尔顿的文章。

这年夏天，杰斐逊也请人主办了一张报纸，名叫《国民报》，大量发表攻击汉密尔顿、赞扬杰斐逊的文章。两张报纸论战不休，给对方扣上“要击溃共和国”的政治大帽子，而以救国救民自居。

当时的财政部，规模之大为各部之首。除有30余名职员外，下属还有成千名海关官员和国内税收代理人。

相比之下陆军部仅三名职员。而国务卿手下只有四名职员、一名信使和一名办公室管理员。这种格局自然使杰斐逊心怀不平。

有人认为，他们之间的矛盾就是为了争权夺利，显然这是一种肤浅的看法。

客观地看，杰斐逊是抱着强烈的民主精神，真心真意地反对君主制倾向，并主张限制中央政府的权力。汉密尔顿则怀着坚

定的联邦主义信念，捍卫和巩固联邦政府的权威，反对各州分散权利。

他们两人分别代表了两种进步的历史力量，从不同角度为维护新生的资产阶级共和国的长治久安而斗争。

可惜他们都将对方当成了攻击的对象，同想象中的敌人进行毫不妥协的斗争。

华盛顿一向反对政治上拉帮结派。他是三驾马车的首脑，他不偏不倚居高临下同杰斐逊和汉密尔顿保持着等距离的均衡关系。

华盛顿苦口婆心晓以情理，用双方目标之“同”来弥合他们手段上之“异”；在政务上则取两方之长，避各方之短。

华盛顿这样做虽然不能彻底解决巨大分歧，却能使他们关在内阁里面争吵。正像杰斐逊后来自己所说：“我和汉密尔顿就像两只好斗的公鸡，天天在内阁里打架。”

尽管调和、折中、妥协手段两边都不讨好，双方还是把总统看成是公允的裁判。

按照宪法的规定，四年一届的美国总统任期即将届满。华盛顿决心任期届满就退出政坛，摆脱重担返回家乡去安享田园乐趣。奇怪的是，互相对立的两派都希望华盛顿连任总统。当时的美国政界，确实还找不出更合适的人来当国家首脑。

## 家庭中的贤内助

华盛顿任总统期间，日夜为国事操劳。他患过一场大病，动过手术；病愈不久，又得到母亲因癌症去世的消息。幸亏他有一个好内助，夫人玛莎帮了他的大忙。

早在华盛顿领导美国独立战争期间，玛莎就悉心照料着华盛顿的生活，她深信丈夫的军事才华一定会打胜仗。她对艰苦的军旅生活毫无怨言，什么困难在她看来都是无所谓的。

玛莎衣着朴素，平易近人，就像一个普通士兵的妻子一样。她的营帐里经常挤满了军官家眷，她组织她们为战士编织衣物，做针线活。玛莎在战争进行到第三年的时候，华盛顿在寒冬最艰难的日子里，她始终跟随在丈夫身边，没有离开半步。

玛莎是个不喜欢官场生活的女人，她一直向往着回农庄。华盛顿当选了总统，玛莎由侄儿刘易斯骑马护送，带着孙儿孙女来到了丈夫身边。沿途受到的隆重接待使她受宠若惊。

起初总统府坐落在皇后大街和樱桃街的交叉处，远远说不上富丽堂皇。屋顶很低，房屋太窄小，勉强委曲住下。稍后租赁了法国驻美公使离任后留下的宅第作为总统官邸，搬进了百老汇大街，条件倒是改善多了。于是家里经常嘉宾贵客不断。

当惯了乡村家庭主妇的玛莎，突然一下子成了全国第一夫人，要演好这个角色的确难为她了。孩子得照料，还要帮助丈夫接待应酬，遵守各种礼宾仪节的约束。

华盛顿平时处理国事，每周二下午必须穿礼服戴假发扑发粉戴手套，全身披挂会见来访人士。

夫人则每周五举行一次招待会。总统说，招待会应该高雅而不俗气，绝不过分豪华。做起来也真难：简陋寒碜了有伤堂堂大国体面；丰盛排场了又易遭致非议。

在一个民主国家里，总统的各个方面都是透明的，无不受到舆论的监督。

对于俭朴的新英格兰平民百姓来说，若知道这里天天开宴会，成群的仆人穿着统一的制服，也许会惊呼老将军过起国王生活了。

他们哪里知道，当上了总统的华盛顿，生活上仍然严于律己，处处谨小慎微。

她清楚地记得这么一件小事。她的乔治很喜欢吃鱼，一次厨房总管从市场买到一尾美洲大鲱鱼。这天没有宴会，开饭时仆役送上了这道稀罕的名贵菜肴。

总统感到怀疑，问总管这鱼花什么价钱买的？总管结结巴巴答说花了三块钱。总统马上大声吩咐："撤下去，马上撤下去！我的餐桌上绝不能带头这样奢侈和铺张！"

军人出身的总统向来态度严肃、不苟言笑，有时遇事急躁，令人生畏。有了夫人从中调和，晚宴的气氛就变得亲切而活跃。日子长了总统本人也随和起来，变得谈笑自如风趣诙谐。

在夫人耐心帮助下，总统那受人尊崇但高不可攀的英雄形象，也恢复了几分有血有肉的凡人面貌。这样一来她的第一夫人的地位得到了公众的承认。

可是对于玛莎来说，出头露面、荣华风光、权势地位，这一

▲华盛顿与家人在一起

切都不是她之所愿；她和丈夫一样，梦寐以求的是早日回到弗农山庄属于自己的小天地里。

她给外甥女范妮的信中曾说过：

我在这里生活很单调，甚至感到我更像一名关在国家牢笼里的囚犯。

玛莎几乎不停地在作卸任回乡的倒计时，计算离任期届满还剩几个月。后来举国上下都要求他连任。丈夫为了祖国利益只好顺应民心勉为其难。她呢？责无旁贷夫唱妇随了。

此时的玛莎表现得那么成熟而豁达。她明白，她不仅是乔治的妻子，还是当今第一夫人。她已献身于国家，献身于美国民众，首先应该考虑国家利益。她要为尔后将继承这一荣誉地位的第一夫人们树立个好榜样！

当玛莎这个平凡的美国妇女去世后。她与丈夫合葬在一处，她的石棺上刻着“玛莎·华盛顿夫人”几个字。

她一生中虽然没有作出什么惊人的业绩来，但她无私地热爱丈夫，热爱自己的祖国。她富有但不奢华，高贵而不傲慢，她的高尚品德赢得了人们的敬重。

美国史书上这样评价华盛顿夫妇：“在美国历史上，再也找不到像乔治·华盛顿和玛莎·华盛顿这样德高望重的天生一对了。”

# 连任第二届总统

经过长时间的思想斗争，华盛顿同意参加第二届总统的竞选。他没有搞竞选活动，却在1793年2月13日以132张全票获得通过，被选举团选为总统。他并不迷恋权力和地位，但他确实是一位重视声誉胜过生命的绅士，又是一位对祖国和同胞具有责任感的爱国者。

1793年3月4日，华盛顿在参议院会议室当众宣誓就职。他这次的演说词与首次就任总统的演说相比，可谓简短之至、朴素之至，读起来干巴巴的。他说：

同胞们：

我再次受到祖国的召唤，行使总统之职。一旦合适的时机来临，我将努力表达我对这一殊荣、对统一的美国人民赋予我们的信任所包含的崇高意义的理解。

在行使总统职责之前，宪法要求作就职宣誓。我谨在你们面前宣誓：如果发现我在执掌政权期间，我对宪法和禁令有任何自愿或故意的违背，我除了承受宪法所规定的惩罚，愿意接受所有现在目睹这一庄严仪式的人们的谴责。

多么简单，多么令人鼓舞！

连任总统的华盛顿，面临的国内外形势和第一次上任时很不相同。想当初在纽约就职时，国内的各派政治力量基本团结一致，舆论也无重大分歧。

▲华盛顿铜像

新任总统一切从零开始，处理内政外交显得从容自信得心应手。这次再登政坛，国内已出现了两个对立的政党派别；舆论也随之趋于分裂；内阁里互相倾轧攻击；印第安人骚乱问题时起时落，长久无法解决。这位连任总统内忧外患，真是穷于应付。

华盛顿连任总统前后，国际上发生了巨变：1793年，法国国王路易十六被送上了断头台；2月1日，法国对英国宣战；3月初法国又对西班牙宣战；吉伦特派掌权的法国政府派遣热内前来，充任法国驻美国的公使。

在这样风云激荡的形势下，美国目前羽翼未丰力量单薄，新建立的国家百废待兴，急需一个和平环境恢复和发展国民经济。

4月22日，华盛顿代表美国政府发布《中立宣言》，声称美国不介入战争的任何一方，美国“对交战国双方均采取友好和不偏不倚”的态度。禁止美国公民参加任何交战国的冲突和把“禁运品”运往交战国。宣言还警告：在海上挑起敌对行动的美国公民不受国家的保护。6月5日，国会批准了《中立宣言》。这样中立主义就作为早期美国的一项基本外交政策被确定下来。

在战术上讲，对于美国这么一个新生的共和国来说，在大国的冲突中保持自己的外交上的中立是比较明智的选择。刚刚建国的美国需要和平，并且英国无论在地缘政治上还是在经济上对美国来说都是不能忽视的威胁。

所以《中立宣言》使美国避免了一场耗资巨大且前途并不明朗的战争。在战略上讲，《中立宣言》的发表则表明新生的美国开始以独立自主的身份登上世界外交的舞台。并为以后的华盛顿的《告别辞》里提出的孤立主义的思想的形成打下了基础。

这个《中立宣言》的发表，标志着华盛顿外交思想的进一步成熟，也是他连任总统后闯过的第一道险滩。

这年11月美英双方签署的《杰伊条约》，实现了华盛顿千方百计避免美国卷入战争的目标。同时，共和、联邦两党都制定

了对待《杰伊条约》的方针策略，由此开创了美国两党制度的先河。外争纷扰难平，内乱又起。在宾夕法尼亚西部边远地区，酿制威士忌酒的农民正酝酿着一场反抗征收国产税的起义。

华盛顿在首任总统之初，为了偿清国债采取了一项重要财政措施，就是对威士忌酒征收“国产消费税”。

威士忌酒是由小麦酿造的，主产地在宾夕法尼亚州西部。由于交通不便，小麦只得酿成酒运往东部城镇销售。在这些小生产者看来，征收酒税就是向他们榨取钱财。

到了1784年7月，人们郁积已久的怒火终于变成一场暴力行动。宾夕法尼亚西部四个县的农民烧了征税员约汉·奈维尔的房舍，捣毁了那些纳税农民的酿酒工具。抓走了奈维尔住所的卫兵，毁坏了匹兹堡的邮件，还阻止了联邦法院的审判。8月12日，起义者召开会议，有人甚至提出进攻匹兹堡的口号。

华盛顿接到报告，立即联想到八年前马萨诸塞发生的谢斯起义。汉密尔顿极力主张采取强硬手段，调集民兵直接镇压。

8月初华盛顿以总统名义签发了第一项公告，命令起义者于9月1日前返回家园。同一天陆军部长下令，向宾夕法尼亚等州征集民兵，共1.3万名。

华盛顿派出一个“三人委员会”，去匹兹堡同起义者举行谈判。谈判没有结果。委员们在报告中说，起义仍在扩大，并波及弗吉尼亚、马里兰西部地区和宾夕法尼亚的东部。法律已失去威力，地方政府土崩瓦解。如果没有军事力量的“帮助”，要在那里恢复法律秩序是不可能的。

华盛顿立即签发了第二项公告，声称西部地区的暴乱是由于那些破坏社会和平与秩序的煽动者用各种邪说挑起的。所以决心用强硬手段去对付，并准备亲自出马到那里去恢复秩序。

10月4日，华盛顿到达阿尔根尼山东麓小镇卡列斯尔。那里已调集了两个州的民兵。9日上午，华盛顿会见了起义者的代表威廉·雷迪克，听取了起义者代表的意见。他们要求政府军队不要进入起义地区。华盛顿告诉他们：政府最迫切的愿望是用宽大和仁慈的手段，使这些地区的百姓认识他们的责任，政府一定能够恢复那里的秩序而不伤害百姓。当天下午华盛顿再次接见了起义代表。他们提出，如果政府军队一定要开进起义地区，就请总统随军队一起进驻。

华盛顿答复说，如果发现有这种必要和时间允许，他可以和军队一起行动。但是华盛顿并没有随军行动。他把军队交给汉密尔顿指挥，自己转回费城去了。汉密尔顿领军进入宾夕法尼亚闹事地区，一下子抓了好几百人，企图从他们身上得到起义领导者的罪证。他听说在25公里以外的某地，竖着一根象征自由精神的自由杆，立即派军队去把杆子砍掉。

又听说有起义者聚众集会，就派部队去镇压。可是军队一到，起义者早已跑散了。两天以后汉密尔顿抓了二十几名起义者

押回费城。两个被认为犯有重罪的领袖人物被送进监狱。等到事情冷下来后，华盛顿以他们是“傻瓜”和“疯子”为理由，免处刑罚加以宽恕了。

1796年，美国总统大选。华盛顿虽有许多过失，与其他任何人比较还是受到更多的尊重，如果华盛顿继续参加总统竞选，完全可能连选连任，终身担任总统，但华盛顿没有这样做。考虑到自己年老体弱，政治上又受到抨击，华盛顿决心退休不做第三任总统。9月17日，华盛顿公开发表了《告别辞》说：

> 我现在应当向大家有所表示……就是我已下决心谢绝把我放在被选之列。我秉持正直的热诚献身为国家服务已经45年，希望此后因我能力薄弱而犯的过失，会随着我长眠地下而湮没无闻。

华盛顿年老退休不做终身总统产生了巨大的影响，为美国总统只能连任一次开创了先例，后来又用法律把它加以肯定，从而保留了没有终身总统这个民主传统，堵塞了复辟君主政体的道路。这些影响，当时的华盛顿是完全没有预料到的。

在当时，因为对待《杰伊条约》的态度，美国两党间的斗争愈演愈烈，互相攻讦，煽动群众，搅得社会是非不分，唯党派利益为重。华盛顿的内阁三套车驾驭失灵，由左右逢源变成两面受敌。

其实华盛顿一直廉洁奉公，在经济财务上公私分明。作为总统，他的年薪收入不够开销的时候，他还卖掉了一部分农场土地。因为公务在身无暇经营照料家产，农场连年亏损。

在任期届满前一年，华盛顿就着手准备一份告别文告，对任期内的一切作个总结交代。经过数月的反复推敲修改润色，在9月份交给费城的《美国每日新闻报》发表了。接着就有一百多家报纸转发了这篇重要的告别演说。这篇演说词的发表，在全国引起极大震动。政府的要员们也普遍感到惋惜和震惊，甚至有人流泪。大多数报纸对华盛顿主动引退都加以赞美；原来想攻击他有权力欲的反对派，这一下也就无话可说了。

华盛顿这篇告别演说正式题名是《致合众国人民》，是他八年执政的经验与教训的全面总结，也是针对国际国内政治风云、党派纷争，针砭时弊的有感之作。借此阐明他的政治思想、制宪思想、治国方略和他所推行的内政外交路线，情真意切地对国人提出忠告和对国家未来的希望。这篇演说词成了美国历史上的又一重要历史文献。也有人评价它是华盛顿为国家留下的一笔“有形财富”，而对他的引退精神则评价为一个“无形财富”。

华盛顿在离开公众生活之前，人们为他举行了66岁诞辰庆祝活动。

# 完美的生命休止符

1797年3月9日清晨，华盛顿把繁重的国家事务重担交给新总统亚当斯以后，坦然愉快地和家人一起乘马车，向家乡弗农山庄进发。

华盛顿虽到60多岁才退休，但仍保持着一贯的军人生活习惯。雇工们还未下地，他就派人去安排活计。

每天早餐后，华盛顿就在侄子陪同下，骑马去巡视他的农场、饲养场和三个作坊。

这样一直忙碌到14时左右，他才回来用午餐。

这时，往往有一些客人在等待他。一接待就是半天，送走客人后外出散步一会儿，或喝一会茶，就到傍晚时分了。

点亮蜡烛，他就坐下来给友人写回信、记账。本想坐下来好好阅读一下多年珍藏的书籍，可忙忙碌碌的两个月过去，竟然还没来得及翻开一本书。

从华盛顿夫人写给朋友的信中，也可看到他们的家庭生活气息和情趣。她写道：

> 将军和我，犹如孩子似的有一种刚从学校或从一个严厉的监工控制下解脱出来的心情。
>
> 我们相信，除了私事和娱乐消遣以外，没有任何事情能使我们再次离开这神圣的屋宇。
>
> 我们对自己的享乐如此吝啬以致讨嫌任何人，除亲密朋友外来共享它。
>
> 但是，几乎天天都有一些陌生人来分享它的一部分，我们难以拒绝。我重又安心于一个老式的弗吉尼亚家庭主妇那令人愉快的职责，如时钟一样按部就班，像蜜蜂一样忙碌，像蟋蟀那样快乐。

现在总算如愿以偿。从当大陆军总司令算起，离开这里整整16年了，真该好好乐享天年。可是，回乡只住了几个月，美法关系又出现了危机。

起因是法国巡洋舰劫持美国商船。法国政府认为美英签订《杰伊条约》是美国背叛了法美同盟，因而心怀不满，到处制造摩擦。

美国派出代表团赴法谈判，法国政府态度强硬，拒绝正式接见。

新上任的亚当斯政府积极准备对付法国。国会通过了一系列加强防卫的法案。

决定建立海军部，授权总统招募一万兵员。这是美国独立以来从未有过的军事行动。

7月7日，国会废除了美法友好条约，美法之间战争似乎已经不可避免了。

亚当斯乃一介学者，对付战争实在是一筹莫展。他向华盛顿写信求助道：

> 我不能不时常征求你的意见。我们不能不借重你的盛名，只要你允许我们这样做。你的威名能够胜过千军万马。

在这十分可怕的危急关头，全国都恳切地希望华盛顿再次担任全军的统帅。

接到信后，华盛顿立即给亚当斯总统和陆军部长复信，表示：

> 敌人真的入侵我国，只要祖国要求我为击退入侵而效力，我绝不会把年龄和退休当作借口予以推辞。

1798年11月，老将军华盛顿和秘书利尔，带着四个仆从，乘坐马车，冒着寒风，千里赴戎机，去费城和汉密尔顿、平克尼将军研究备战大事。

大陆军早已解散，美国常备军本来就少得可怜，根本无力保卫国防。一切又得从头做起，筹建军队、任命军官和解决部队给养等。

老将军华盛顿他们整整费了五个星期时间，写成一份书面方案交给陆军部长。

后来，法国由于政府内外交困，处境风雨飘摇，拿破仑率领的海军又被英国舰队歼灭在埃及港口，并得知美国正在积极备战。

于是，法国知难而退，笼罩在美国人头上的一片战争乌云终于没有变成一场暴风雨。

虽然虚惊一场，但华盛顿不顾年纪高迈、响应祖国召唤重新出山的壮举，久久为人们所敬仰。北美大地恢复了平静，华盛顿也恢复了他的安宁生活。

1799年的2月，华盛顿的生日又到了。

这年，人们出奇地以旧历、新历两个不同日期，为华盛顿举行了两次生日庆祝活动。

第一次是按旧历，即2月11日，人们在亚历山德里亚邀请华盛顿出席庆祝宴会。

华盛顿这一天过得很愉快。第二次是按新历，2月22日，这天正巧是他的侄孙女内莉的结婚喜期。

度过了生日之后，又有人来弗农山庄充当说客，动员华盛顿第三次出山竞选总统。

因为换届选举时间快到了，联邦党内部分歧日盛，声望下降，才想出这个法子。华盛顿一口回绝，他说：

> 如果我参加竞选，我就会成为恶毒攻击和无耻诽谤的靶子，会被诬为怀有野心，一遇时机便爆发出来。我将会被指责为昏聩无知的老糊涂。

▲美国四位总统头像石雕（左一为华盛顿）

华盛顿仍然认真经管他的庄园。按照他拟订的耕作计划，高高兴兴地骑马到处去巡视，俨然弗吉尼亚的种植园主。

华盛顿卸去戎装后，常穿一套灰色衣服，头戴宽边帽，臂上挂着一把雨伞，坐在马背上东奔西走。人们还是喜欢称他老将军。

在7月初，华盛顿在亲手写好的23页长的遗嘱上签了字，但仍然一如既往平静地管理着农场事务。

时间过得很快，又到了冬天。在弗农岗的树丛里，到处是枯秃了的树木，满目荒凉。窗户边不断地有皑皑的白雪，在那里飞舞。华盛顿用他的全部精力，每天忙着处理屋外和书房里的工作。

这是一个浓霜覆盖着大地的早晨。华盛顿骑着马绕了一个大圈子回来，脸上显出满面红光，看他的神情，精神特别充沛。这时候，华盛顿已拟订了一个经营自己土地的计划，还附了一张土地轮作表，完成了一个长达30页的计划书。

华盛顿对家里的人说："现在，最使我关心的，是要把整个的工作，做一个系统的计划，等我离开人世的时候，所有的事情都有一个交代，心里就可以一无牵挂了。"

1799年12月10日，华盛顿亲手制定的庄园规划已经完成，当日写了一封信给管家。早晨天气晴朗无风，下午天空浓云密布。

12日那天早晨，还是阴天。快到10时，华盛顿照常骑着马，

到他的土地上去视察。到13时，开始下起雨来；跟着，就下起雪来；接着，又是一阵阵的冷雨，老是下个不停。

紧接着暴风雪降临，狂风大作下起冰雹来。他只穿着一件外衣，不顾天寒继续策马巡视。

这天，华盛顿一直骑着马在自己的土地上视察，等回到家时，已经过了15时了。

“今天不必叫工人下田去了，天气不好。”华盛顿说这话时，雨珠在他的头发上闪闪发光。

“你全身淋湿了吗？”秘书利尔看到他头上有雪花，担心他着凉。

“不要紧，我穿着外套，淋一点雨也没有关系。”华盛顿愉快地回答。说完，就和家人一起共进晚餐。

秘书利尔拿出几封信请他加盖印章，以便送交邮局寄出。华盛顿仔细用过印章，关照说风雪太大，不是急件可以改天再寄。

这是华盛顿一生所做的最后一件事。晚餐后感到疲劳，上床去休息了。

13日早晨，积雪已达三寸深，雪花仍在纷飞。华盛顿感到嗓子痛，没有骑马外出，到河流附近的森林里去，预先做些伐木的记号。整天嗓子嘶哑，但他没有重视。

到了下午，天气好转了，华盛顿虽然他的喉咙嘶哑得很厉害，可是，他并没有加以注意。晚上，和家里的人们，一起在客厅里闲话家常，华盛顿的心情十分愉快。

“要不要吃一点伤风的药？”家里的人这样问他时，华盛顿还是很轻松地回答道：“伤风有什么关系，我伤风从没有吃过什么药，一两天就会好的。”

当华盛顿读到有趣的新闻时，就用嘶哑的声音高声朗读起来，偶尔还加以评论。秘书再次劝他吃点治感冒的药物。

华盛顿说：“不必。你知道我从来不吃治感冒的药。它怎么来，还让它怎么去吧！”

玛莎也未十分在意，因为华盛顿在总统任上就生过大病，险些去见了上帝，结果终于康复如初。

可是，到了半夜里，华盛顿身体突然发起冷来，连呼吸也感到困难了。夫人在两点钟的光景，从床上起来，在旁边照料。等到佣人把火炉升起火的时候，天已经快亮了。

利尔秘书一知道这个消息，马上就跑去把华盛顿老朋友克莱克博士请来。家人用尽种种治疗的方法为他治疗，始终没有起色。

14日凌晨，他把夫人玛莎唤醒。玛莎要起来去叫仆人，但是华盛顿不让她起床，怕她着凉。

天刚亮女仆进来生火，才派女仆去叫利尔秘书。利尔发现华盛顿此时呼吸困难，言语含混不清。华盛顿希望去请住在亚历山德里亚的克雷克大夫。

在大夫赶到之前，先去把一位监工罗林斯请来。利尔依照民间药方，用糖、醋加黄油配制成水剂给他含漱治疗嗓子痛。但每次含漱都引起咽喉痉挛猛烈咳嗽，几乎出不来气了。

华盛顿要求罗林斯给他放血，罗林斯有些胆怯。华盛顿伸出手臂让他放，说："不要怕切口还不够大。再放点，再放点！"

这一次放血足足放了半品脱，但病痛丝毫没有减轻。

后来他的老朋友克雷克大夫来了，还带来两位内科医师。他们立即采用各种治疗方法，又放了血，但是都不奏效。

他的老仆人克里斯托弗一直站在房间里，华盛顿注意到后，就和颜悦色地吩咐他坐下。

折腾到下午，华盛顿请夫人到他床边，把遗嘱交给她："我想我活不久了。这就跟借钱必须还债一样，是人生必经之路，谁也不能避免。"在华盛顿脸上，露出了一丝笑容来。

华盛顿请夫人到楼下他的房间去，从写字台中找出他早已写好的两份遗嘱。玛莎照办了。

华盛顿把两份遗嘱看了看，取出其中一份交给夫人，并说另一份不用了，请她烧掉。

然后华盛顿握着秘书利尔的手说：

我快不行了。请你务必把我近来有关军事问题的全部信件和文件，加以整理和登记，把往来账项结清。因为这事你比别人都熟悉。

整整一天，医生们用尽了种种治疗方法，叫华盛顿服什么药他就服什么药，没有一声叹息和呻吟。

华盛顿对大家说：

你们太累了，感谢你们照应我。但是，我希望你们不要再替我操心了，让我安静地去吧！

华盛顿一直继续着急促地呼吸，不断地问是什么时候了。家人都围在他的身旁。

14日22时左右，华盛顿说话已非常困难。他向秘书交代说：“我马上就不行了，葬礼不要过分，过三天再下葬。”

并问：“你明白我的意思了吗？”

秘书说：“明白。”

华盛顿说：“那就好。”

这是华盛顿最后的遗言。

1799年12月14日22时到23时之间，大约有十分钟的时间，华盛顿的呼吸反而变得非常舒畅。就像快要熄灭时的烛光，突然回光返照一样。

23时30分，华盛顿的呼吸停了。

利尔把他的双手放在胸前，交叉成一个十字形，坐在炉边的克莱克博士，走近床边，检查他的眼皮说：“他已回到主的身边了。”

一代伟人就这样与世长辞了！终年67岁。

华盛顿去世后，他昔日的战友，国会议员哈瑞·李对他的称赞相当出名：

> 他是一个公民，他是战争中的第一人，和平时代的第一人，也是他的同胞们心目中的第一人。

华盛顿为未来的美国树立了许多先例，他选择和平的让出总统职位给约翰·亚当斯，这个总统不超过二任的先例，被看作是华盛顿对美国最重要的影响。

华盛顿被许多人称为美国的国父，并被视为美国创立者中最重要的一位，他也在全世界成为一个典型的仁慈建国者的形象。

## 举行隆重的葬礼

1799年12月18日，华盛顿的葬礼在弗农山庄举行。

亚当斯总统派特使加急送来悼唁函，还运来11门大炮。有一艘帆船停在附近，准备鸣炮致哀。

他的遗体安葬在庄园上家族的老墓地里。牧师在读了祈祷文后，简短致辞。共济会会员举行了他们的仪式，然后，把华盛顿遗体送进墓穴。

葬礼简朴而庄重，一切只限于弗农山庄以内，完全符合华盛顿的遗愿，不用悼词。

华盛顿逝世的消息传遍美国，举国沉痛哀悼。正在开会的国会休会一天，全体议员和工作人员佩戴黑纱，后来国会发表了一个公开悼词。

消息传到英国，英国舰队司令下令旗舰下半旗致哀，几十艘舰艇也跟着下了半旗。消息传到法国，政府命令各机关的旗帜上一律悬挂黑纱10天。

为了纪念这位伟人，新建的美国首都就命名为华盛顿。200年来，美国共有100余个城镇都以华盛顿命名。

1885年在美国首都正式建成高555英尺的纪念塔，内壁嵌有190块石碑雕刻。

其中有一块是中国大清政府赠送的石碑，上面刻有徐继畬撰写的颂辞。文曰：

> 华盛顿，异人也。起事勇于胜广，割据雄于曹刘，既已提三尺剑，开疆万里，乃不僭位号，不传子孙，而创为推举之法，几于天下为公，骎骎乎三代之遗意。其治国崇让善俗，不尚武功，亦迥与诸国异。余尝见其画像，气貌雄毅绝伦，呜呼，可不谓人杰矣哉。美利坚合众国以为国，幅员万里，不设王侯之号，不循世及之规，公器付之公论，创古今未有之局，一何奇也！泰西古今人物，能不以华盛顿为称首哉。

徐继畬是清朝的一名省部级官员，曾任福建巡抚。在他的眼中，美国开国元勋华盛顿是上古尧舜一类的人物，由马上夺取天下后居然不传子孙，做到天下为公，而且治国不尚武功，公器付之公论，这是中华文明最高尚的理想，美国不正是几千年来寻找的理想之邦吗？在中国人眼中，这样的人，不是弱智的话，就只能是伟人和圣人了。

华盛顿像他之后的多届美国总统，包括亚伯拉罕·林肯一样，也没有受过特别的正规教育。他年轻时在弗吉尼亚部队西部前线作一个检查员和一位年轻的军官，后来在弗吉尼亚立法院服务，然后在新大陆议会服务。在美国革命开始时他是新大陆部队的将帅。

华盛顿作为新大陆部队的将帅期间打败了英军，并取得了美国的独立。曾为农场主，他在此后回到了农场，只是在1787年费城召开的立宪会议快要失败时才又被召了回去。他作为主席，使得代表团成员克服了意见的分歧，制定了国家宪法，那时许多州仍然认为自己是与国家平等的。

华盛顿又一次回到了农庄，但是没有待多久。在宪法得到承认后不久的选举过程中，他被一致选举为总统。1789年4月30日他在纽约举行就职典礼。他任职两届总统，直到约翰·亚当斯接任。

在任职两届后走下总统职位，华盛顿开创了总统任职不能再长于两届的先例，并且在今天已经成为法律。不管是作为一位军队的主要官员，还是作为总统，华盛顿的心一直没有离开过弗农山庄和他一生至爱的农庄生活。

但是，华盛顿不断地被召回去为国家服务，他是一个国家不

可缺少的人物。即使在他去世前，他还又一次被要求到一个新成立的部队应付可能发生的与法国的战争，而且他接受了这一要求。

华盛顿是如此的受到人们的尊重，以至于在詹姆斯曼路1820年参选他的第二任期时，本来应该得到一致通过，但是有一位投票人投了反对票，目的就是为了在历史上只有华盛顿一人是一致通过。在美国的体制下，每个州的选民选出投票人，投票人再按序正式地选举总统。

作为一位不平凡的革命家，华盛顿不仅指挥了推翻前英国殖民政府的战争，并且导致了新政府的成立，在他担任总统期间，立下许多规则以保证革命的希望得以实现并持续。从这个意义上讲，他真正是美国之父。

后来，华盛顿的脸庞和肖像，通常被作为美国的国际象征标志之一，并也成为了美国旗帜和国玺的图像。或许最普遍的就是一美圆的钞票和25美分硬币上他的肖像了，在一美圆钞票上所用的华盛顿肖像是由吉伯特·斯图尔

▲硬币上的华盛顿像

特所画的，这幅肖像同时也是早期美国艺术的重要作品。

美国的首都华盛顿哥伦比亚特区则以华盛顿为名。华盛顿对于联邦政府哥伦比亚特区的建立有着极大关联，也是他挑选了白宫的位置。因此，后来建立了华盛顿纪念碑以纪念他，纪念碑也成了华盛顿特区最著名而醒目的地标之一。

华盛顿在遗嘱中捐赠了一部分资金，在当地建立了一所大学，而这所大学后来便命名为乔治·华盛顿大学，以纪念华盛顿。

紧邻太平洋的华盛顿州也成为美国唯一一个以总统为名的州。

这样，充分体现了美国人民对华盛顿永远的怀念。

# 年　谱

1732年2月22日，华盛顿出生于北美弗吉尼亚州威斯特摩兰县的布里奇斯溪。富有的种植园主之子，12岁时继承可观的财产。

1743年4月，华盛顿的父亲病逝。7月，兄长劳伦斯在波托马克河畔的种植园定居，庄园命名弗农山庄。

1748年，华盛顿被正式批准为土地测量员。

1752年6月，写信给本州总督，自荐担任民团副官。

1753年，到俄亥俄法军据点递交抗议书，多次遇险。

1754年5月，大草地之战击败法军。7月困苦堡之战失利，英军大败，华盛顿回到弗农山庄。

1755年至1758年，随弗吉尼亚民团戍守本州边境。

1758年，参加福布斯攻占迪凯纳堡的战斗。进一步获得了军事经验和威望。

1774年，被选为代表，出席在费城召开的第一届大陆会议。已经是美国殖民地中最大的富翁之一。

1775年，列克星敦的民兵打响了独立战争的第一枪，拉开了北美独立战争的序幕。华盛顿出席第二届大陆会议，被推举为大陆军总司令。

1776年，大陆会议通过著名的《独立宣言》。8月进行“长岛战役”，组织纽约大撤退。12月下旬夜袭特伦顿英军，获胜。

1777年，进攻普林斯顿英军，获胜，即率军到莫里斯顿休整。

1778年，谴责“康韦阴谋”，庆祝美法联盟，审判副总司令查尔斯·李。

1780年，接受法军中将和海军中将军衔。

1781年《邦联条款》正式生效，大陆会议改称邦联议会；约克镇战役获胜，最后一支英军在约克镇投降，独立战争结束。

1782年，严词批驳劝进当国王的主张。美国与英国和谈开始。

1783年，法军返国。瑞典、葡萄牙、丹麦、西班牙先后承认美国独立。年底解甲归田回弗农山庄当普通公民。

1786年，美国爆发谢斯起义。

1787年9月，主持制宪会议，制定了世界上第一部资产阶级宪法《联邦宪法》。确立了美国三权分立的联邦共和制。

1789年，全票当选为美国第一任总统。

1790年，批准建立临时首都和永久首都地址方案。

1793年，在费城宣誓就任第二届总统。

1796年，发表告别演说《致合众国人民》。

1797年，全家离别费城，开始引退后的庄园生活。

1798年，被再次任命为美军总司令，准备抗击法国。

1799年，致函拒绝再次当总统候选人。12月14日23时30分因病辞世，终年67岁。

# 本书主要参考资料

《华盛顿》冬雪编著 晨光出版社

《美利坚合众国的缔造者——华盛顿》晓树编 中国画报出版社

《华盛顿——美国建国之父》竞游主编 内蒙古人民出版社

《乔治·华盛顿》洪涼编著 辽宁人民出版社

《华盛顿:美国首任总统》陈秋帆编写 北方妇女儿童出版社

《华盛顿大传》董今编文 长春出版社

《华盛顿》左刚强 姚忠泰改编 中国地质大学出版社

《华盛顿》赵丽敏编写 延边大学出版社

《革命之剑华盛顿》刘文涛著 世界知识出版社

《美利坚之父——华盛顿》张书亭著 天津人民出版社

《华盛顿》郁森包秋著 中国少年儿童出版社

《华盛顿》华夏书主编 哈尔滨出版社

《第一总统华盛顿》常新港著 吉林文史出版社

《美利坚国父华盛顿东洋霸主明治天皇》廖莎莎 吴志樵编著 中国戏剧出版社

《华盛顿》金秋编著 内蒙古人民出版社

《华盛顿传:1732～1799》开邑编著 湖北辞书出版社

《华盛顿:其人、其文、其事》吕志士编译 学苑出版社

《华盛顿的故事》罗宇敏编著 汕头大学出版社

《华盛顿》谢尊修 罗永年编著 辽海出版社

《华盛顿评传》余志森著 中国社会科学出版社